MÉDIATION
ET INSTITUTIONS EUROPÉENNES

GEMME 20 ans déjà !

Sous la direction de
Béatrice Blohorn-Brenneur

avec la collaboration de
François Staechelé et Sarah Hartmann-Lombard

MÉDIATION ET INSTITUTIONS EUROPÉENNES

GEMME 20 ans déjà !

Ouverture des travaux par Éric Dupond-Moretti,
garde des Sceaux, ministre de la Justice

GEMME France

L'Harmattan

CIM
International mediation council
Conseil international de la médiation

IXes assises internationales
Conseil de l'Europe
25 et 26 mai 2023

Sous le haut patronage de M. Dupond-Moretti,
garde des Sceaux, ministre de la Justice

Les IXes assises internationales de la médiation ont été organisées par la section française du GEMME-France et par le CIM, avec la collaboration des Avocats de la paix et de la Fédération française des centres de médiation (FFCM).

Le Groupement européen des magistrats pour la médiation (GEMME), créé en 2003, a pour vocation de regrouper les juges qui œuvrent pour développer la conciliation et la médiation au sein des 28 pays de l'Union européenne. GEMME a le statut d'observateur au Conseil de l'Europe. Sa section française, GEMME-France, est membre du Conseil national de la médiation en France.

Le Conseil international de la médiation (CIM), créé en 2009, a pour but de favoriser l'implantation de la médiation dans tous les systèmes de droit. Il encourage un enseignement de pointe et la mise en place d'un réseau mondial autour des acteurs de la médiation.

5-7, rue de l'Ecole-Polytechnique, 75005 Paris
http://www.editions-harmattan.fr
ISBN : 978-2-336-41867-4
EAN : 9782336418674

REMERCIEMENTS

Nous remercions les personnalités du monde judiciaire et des institutions européennes pour leur soutien et la qualité de leurs interventions lors de ce colloque :

Pour le monde judiciaire :

- Christophe SOULARD, Premier président de la Cour de cassation, représenté par Frédérique AGOSTINI, conseillère à la Cour de cassation
- Guy CANIVET, premier président honoraire de la Cour de cassation et ancien membre du Conseil constitutionnel
- Béatrice BLOHORN-BRENNEUR, présidente de chambre honoraire, présidente d'honneur et fondatrice de GEMME et de CIM, présidente de GEMME-France, membre du Conseil National de la médiation
- Éric Battistoni, magistrat honoraire du Tribunal du travail de Liège, médiateur agréé CFM, ancien vice-président de GEMME, fondateur de GEMME, président du Comité scientifique du Conseil International de la médiation (CIM)
- Dragos CALIN, juge à la Cour d'appel de Bucarest, ancien vice-président de GEMME

Pour les institutions européennes

- Francis DANGEL, Directeur général de l'administration au Secrétariat général du Conseil de l'Europe
- Muriel DÉCOT, fonctionnaire du Conseil de l'Europe et Secrétaire exécutive de la Commission européenne pour l'efficacité de la Justice (CEPEJ)
- Martine VAN DER WIELEN, médiatrice du Conseil de l'Europe
- Béatrice BLOHORN-BRENNEUR, ancienne médiatrice du Conseil de l'Europe
- Bertrand DELCOURT, médiateur de la Banque européenne d'investissement du Conseil de l'Europe
- Alain PILETTE, Directeur adjoint à la Direction générale Justice et Affaires intérieures du Conseil de l'Union européenne.
- Virginia MELGAR, présidente de la 5e chambre de recours de l'EUIPO (European Union Intellectual Property Office)

Nous remercions également tous ceux qui ont travaillé à l'élaboration de cet ouvrage :

- François STAECHELÉ, président honoraire du tribunal de Grande Instance de Metz, secrétaire général de GEMME-France et chargé de communication et de CIM
- Sarah HARTMANN-LOMBARD : gestionnaire de projet, consultante en e-commerce.

Nous remercions enfin Alain Ducass pour la traduction simultanée des interventions, Abder Aït Ouali, Jean-Christophe Dousset, Bertrand Delcourt, Christiane Gutierrez, François Staechelé, et les organisateurs des évènements du Conseil de l'Europe pour leur aide efficace au bon déroulement de ces assises.

SOMMAIRE

Accueil par Francis DANGEL

Directeur général de l'administration
au Secrétariat général du Conseil de l'Europe

- Quelques mots d'introduction pour saluer les participants et remercier Béatrice Brenneur pour son initiative de tenir les Assises de GEMME dans nos locaux. Le Conseil de l'Europe peut se sentir honoré : le programme de ces deux journées est impressionnant, tant par les thématiques abordées que par la notoriété des participants, dont la venue d'ici quelques minutes de Monsieur Dupond-Moretti, Garde des Sceaux français et ministre de la Justice.
- Cet événement contribue à la visibilité du Conseil de l'Europe et je sais que vous allez rencontrer demain une de nos collègues de la Commission européenne pour l'efficacité de la justice qui va vous présenter les pratiques de la médiation en Europe du point de vue de notre Organisation.

Mots d'accueil du ministre de la Justice par Guy CANIVET

Premier président honoraire de la Cour de cassation, ancien membre du Conseil constitutionnel,
président d'honneur fondateur de GEMME et de GEMME France

Monsieur le Ministre, au nom des groupements de médiateurs, français et mondiaux, à l'initiative de ces « Assises internationales de la médiation », il me revient de vous remercier non seulement d'avoir bien voulu accorder votre haut patronage à cette belle manifestation, mais encore d'être présent à sa séance d'ouverture, ici au Conseil de l'Europe.

Nous y sommes d'autant plus sensibles que nous savons votre temps compté, en raison de votre engagement dans une réforme considérable de la justice tirant les conclusions des États généraux qui lui ont récemment été consacrés.

Votre présence aujourd'hui témoigne, s'il en était besoin, de l'importance que vous accordez à la médiation dans cet immense projet. Vous l'avez exprimée en des termes forts dans vos propos des 5 et 13 janvier dernier et vous l'avez consacrée dans le projet de loi de programmation de la justice 2023-2027 ainsi que dans les orientations que vous avez annoncées pour les décrets en cours de préparation au sein de votre ministère ; tout cela, afin de donner un contenu substantiel à la volonté du Président de la République et du Gouvernement de tout mettre en œuvre pour que la justice soit plus rapide, plus efficace, plus protectrice et plus proche de nos concitoyens.

Il est inutile de vous dire l'enthousiasme avec lequel les médiateurs ici présents ont accueilli, dans la cadre de ce programme, votre ambition d'instaurer une véritable politique de l'amiable au sein de la justice française ; ce qui, selon vos propos, commande une « révolution culturelle » pour le monde judiciaire, révolution culturelle stimulée par les mesures que vous avez déjà prises et celles que vous annoncez.

Mais, comme vous l'avez dit aussi nous ne partons pas de rien. Puisque GEMME célèbre aujourd'hui le 20e anniversaire de sa création, il faut ici rappeler les efforts que sa section française a consacrés depuis 2003 pour rendre effective les dispositions de la loi du 8 février 1995, celles de la directive européenne du 21 mai 2008 et les Recommandations du Conseil de l'Europe sur la médiation. Avec beaucoup de foi, de courage et de détermination, dans un environnement souvent indifférent et quelquefois hostile, les animateurs de ce groupement ont initié et tenté d'harmoniser les pratiques, formé les médiateurs, forgé une éthique et une doctrine de la médiation, se sont mis à la disposition de votre ministère et des cours d'appel pour l'établissement des listes de médiateurs, placé leurs actions dans un contexte européen et mondial et milité pour l'amélioration des textes. On peut donc dire qu'à la mesure de ses moyens GEMME a favorisé l'évolution des mentalités au sein de l'institution judiciaire, de ses professionnels et de ses usagers.

C'est dire que ses membres sont résolument à vos côtés pour contribuer au formidable élan que vous inspirez afin de promouvoir une justice pacificatrice.

Discours d'ouverture des travaux par Éric DUPOND-MORETTI

Garde des Sceaux, ministre de la Justice

Madame la préfète,
Madame l'ambassadrice,
Monsieur le président d'honneur,
Madame la présidente,
Mesdames et messieurs les présidents de cours,
Mesdames et messieurs les magistrats,
Maîtres,
Mesdames et messieurs,

C'est un véritable plaisir pour moi d'être présent parmi vous à l'occasion des 9es assises internationales du « Groupement européen des Magistrats pour la Médiation ».

Le sujet de réflexion qui sera le vôtre au cours de ces deux journées de colloque est particulièrement d'actualité : « Le développement de la médiation dans les 5 continents : rêve ou réalité ? »

Interrogation que je reformulerai de manière plus générale, en parlant d'amiable et non simplement de médiation.

La question est donc : « Le développement de l'amiable dans les 5 continents : rêve ou réalité ? »

Eh bien, ne cherchez plus ! J'ai la réponse à votre questionnement, du moins pour la France : car je me suis précisément engagé à ce que l'amiable au sein des juridictions françaises passe du rêve à la réalité.

Je remercie donc vivement l'association GEMME – France pour cette invitation qui me donne l'occasion de vous partager l'engagement qui est le mien depuis le lancement de la politique de l'amiable, le 13 janvier dernier.

Qu'il me soit d'abord permis souligner l'investissement remarquable de l'association GEMME en la matière.

Votre organisation a vu le jour en 2003 grâce à l'impulsion, et je dirais même l'intuition, d'un grand magistrat, Guy Canivet, à qui je veux rendre ici un hommage appuyé.

Depuis lors, depuis 20 ans, votre association se mobilise, à l'échelle nationale et européenne, pour promouvoir l'amiable, notamment dans le cadre des travaux de la Commission européenne pour l'efficacité de la justice.

GEMME est désormais un acteur incontournable en la matière, reconnu pour son expertise et régulièrement consulté par les institutions nationales et internationales.

C'est donc tout naturellement que GEMME s'est porté candidat afin de siéger au sein du premier Conseil national de la médiation qui verra le jour dans les prochaines semaines. Et nous en sommes très heureux, car vous apporterez toute la richesse de vos perspectives aux travaux du Conseil.

Je signerai à cet égard dans les prochains jours l'arrêté fixant la composition du premier Conseil national de la médiation.

S'il est présent dans les hautes instances, GEMME est aussi au cœur de la pratique professionnelle des magistrats, qui constituent la grande majorité de ses 800 adhérents.

Vous offrez ainsi aux juges des espaces de discussions et des trames qui facilitent leur quotidien et contribuent ainsi au développement d'une nouvelle culture de l'amiable.

Si je parle de culture, c'est à dessein. Car oui, la politique de l'amiable est un véritable changement de culture, une révolution des pratiques pour les magistrats, mais aussi pour les avocats et les justiciables pour qui nous travaillons tous.

Certes, en la matière, nous ne partons pas de rien et l'amiable n'a pas vu le jour en janvier dernier.

Depuis la loi du 8 février 1995, premier texte d'envergure sur l'amiable, de multiples textes législatifs ont témoigné du volontarisme du ministère en la matière.

Qu'il me soit par exemple permis de citer la loi du 23 mars 2019 qui est venue consacrer l'obligation de tenter une démarche amiable préalable à la saisine des juridictions. Ce texte a également permis au juge d'enjoindre aux parties de rencontrer un médiateur pour lever, par une information adaptée, les réticences à s'engager dans un processus amiable.

On peut citer aussi, plus récemment, l'apport de la loi pour la confiance dans l'institution judiciaire qui a créé le

Conseil National de la Médiation, que j'ai évoqué tout à l'heure, et développé des services en ligne de conciliation, médiation, arbitrage, dans l'objectif de rendre le recours aux modes amiables plus simple et plus sûr.

Mais nous allons aller plus loin.

Car la pratique de l'amiable ne doit pas être limitée à quelques contentieux.

Elle ne doit pas non plus être pratiquée par quelques initiés qui acceptent de prendre sur leur temps de travail pour monter des projets pilotes ou des bonnes pratiques. Elle ne doit pas enfin se traduire pour le magistrat par une augmentation de son stock, car oui, faire de l'amiable, cela prend du temps.

Tout cela, vous le savez d'expérience, Mesdames et Messieurs les Magistrats, vous qui êtes des praticiens de l'amiable convaincus.

Je vous propose donc de mettre au vert, tous ensemble, les feux de l'amiable.

Comment donc allons-nous procéder et par quels moyens allons-nous mettre en œuvre cette politique ?

Le premier levier que je souhaite mobiliser est celui de la formation, depuis l'université jusqu'à l'ENM et les écoles d'avocats.

Je le dis sans ambages : depuis la première année de faculté, nous avons été biberonnés à la culture du contentieux. Nous avons étudié des arrêts de cour suprême, nous maîtrisons la procédure judiciaire ou administrative, bref, nous pensons qu'un bon litige se résout par un beau jugement.

Nous en oublions parfois que la justice peut se rendre, et bien se rendre, en dehors des prétoires. Ce changement de culture commencera donc par la formation de nouvelles générations de juristes, d'avocats et de magistrats, à l'amiable.

Le second levier vous concerne plus directement : il s'agit d'inciter les magistrats, les avocats, mais aussi des justiciables, à avoir recours à l'amiable. L'amiable doit être payant pour tous.

Payant pour l'avocat, qui fera évoluer des pratiques, sera mieux rétribué et qui verra sa clientèle attirée par la promesse d'un litige résolu de manière collaborative et maîtrisée.

Payant pour le magistrat dont l'investissement en la matière sera valorisé lors de son recrutement, de son évaluation et même dans ses statistiques.

Payant pour le justiciable enfin qui se réappropriera son procès et verra son litige tranché rapidement.

Troisième levier : incarner cette politique de l'amiable dans notre code de procédure civile.

Pour donner davantage de visibilité et de lisibilité aux modes de règlements amiables, nous allons tout d'abord réunir les dispositions éparses qui régissent la matière au sein d'un même livre du code de procédure civile qui leur sera exclusivement consacré.

Nous allons également introduire le principe de coopération des acteurs du procès civil et celui de proportionnalité procédurale, qui découlent de notre droit actuel et que l'on trouve déjà dans les règles européennes de procédure civile.

Cela va conduire à repenser la mise en état. Les parties, assistées de leurs avocats, décideront de l'orientation de la procédure, soit vers une voie amiable courte, soit vers une voie contentieuse nécessairement plus longue. Si la voie de l'amiable réussit, l'accord ainsi obtenu sera homologué dans le mois de sa réception au tribunal.

Pour compléter l'offre déjà existante en matière de règlement amiable, j'ai enfin souhaité l'instauration de deux nouveaux outils procéduraux : la césure et l'audience de règlement amiable.

La césure va consister à faire trancher par le juge les points nodaux du litige pour permettre, ensuite, la résolution des points subséquents par le biais d'une médiation.

L'audience de règlement amiable, d'inspiration québécoise, donnera aux parties, assistées de leurs avocats, la possibilité de dialoguer directement avec leur juge.

Cette ARA se distingue des autres modes alternatifs de règlement des différends par le rôle central du juge qui, en rappelant les grands principes de droit applicables à la matière, va permettre aux parties d'affiner leurs positions et de les faire converger.

Les retours de consultations témoignent de l'intérêt des professionnels à l'égard de ces nouveaux dispositifs. Et nous avons largement pris en compte les remarques formulées à l'égard du projet de décret qui a été transmis cette semaine au Conseil d'État.

Dernier axe de notre politique : la mise en place d'outils de pilotage et d'évaluation.

Ces derniers seront opérationnels dès l'automne ainsi que les outils informatiques nécessaires à la mise en place de la césure et de l'audience de règlement amiable. C'est ainsi que nous accompagnerons et ferons vivre dès maintenant la culture de l'amiable.

Mesdames et Messieurs, j'en terminerai en vous disant que j'y crois.

Je crois que l'amiable est en train de passer du rêve à la réalité.

Je crois que nous pouvons faire advenir cette révolution culturelle que d'autres pays européens ont faite avant vous.

Je crois à votre mobilisation en tant que magistrats, à la mobilisation des avocats, mais aussi à celle des conciliateurs et des médiateurs.

Je crois que nous pouvons proposer à nos concitoyens une justice plus proche, plus rapide, plus humaine.

Alors retroussons-nous les manches et avançons ! La politique de l'amiable c'est maintenant, avec vous !

Je vous remercie.

Introduction par Christophe SOULARD

Premier président de la Cour de cassation

représenté par Frédérique AGOSTINI

Conseillère à la Cour de cassation

Retenu par d'autres engagements, M. le premier président n'a pas en mesure de se libérer pour participer à l'ouverture de nos travaux.

Il m'a chargée de vous assurer qu'il regrettait vivement son absence à ce moment fort de la vie de notre association et de vous faire part de l'intérêt qui est celui de la Cour de cassation française, qui abrite notre siège, pour le développement des modes amiables de résolution des litiges.

Cette nouvelle édition des assises internationales de la médiation constitue d'évidence un temps fort de la vie de notre association.

Ces IXes assises, dont la régularité a été interrompue par la pandémie, ouvrent la troisième décennie d'existence du Groupement européen des magistrats pour la médiation, né il y bientôt 20 ans à la Cour de cassation, grâce à l'implication personnelle de M. le premier président Guy Canivet, dont la présence fidèle nous honore. Nul doute que cette année encore, son exceptionnelle expérience de juge et d'administrateur de justice et l'ambition qu'il porte d'une justice tout à la fois ancrée dans la modernité et l'humanité enrichiront nos échanges.

Les membres fondateurs de GEMME et ceux qui les ont accompagnés dans l'aventure peuvent être fiers de la dimension européenne et internationale qui est aujourd'hui celle de l'association. Forte des six cents magistrats européens qui ont rejoint ses dix-sept sections nationales, l'association s'appuie également sur de nombreuses personnalités du monde judiciaire, universitaire, associatif et diplomatique. Les interventions annoncées par le programme de nos travaux témoignent de ce que la médiation judiciaire, en marche au sein des systèmes juridiques et judiciaires très divers de nos cinq continents, se déploie pour permettre aux parties prenantes à des conflits individuels ou collectifs, opposant des intérêts publics ou privés, civils, commerciaux, sociaux ou environnementaux de trouver les solutions mutuellement satisfaisantes.

Dans la continuité de cette évolution remarquable, il était donc naturel pour la section française de GEMME, d'organiser ces IX assises de la médiation au cœur de l'Europe élargie, dans cette magnifique ville de Strasbourg et plus encore dans les locaux du Conseil de l'Europe.

Au cours des 20 années passées, GEMME a œuvré au « [regroupement] des magistrats pratiquant ou souhaitant pratiquer le recours aux modes alternatifs de règlement des conflits, et estimant qu'une justice effective et pacificatrice implique, entre autres exigences, une promotion et un développement de ces modes alternatifs et plus particulièrement de la médiation judiciaire[1] »

GEMME a ainsi, d'évidence, apporté sa pierre à la construction d'un espace européen de justice. Un tel espace ne peut exister de façon effective sans dialogue entre les acteurs de justice. Ce dialogue s'entend bien sûr du dialogue juridictionnel et institutionnel qui existe entre les juridictions de nos pays comme entre celles-ci et les juridictions internationales que nous avons en partage. Mais il s'entend également de tous les autres échanges : échanges officiels et échanges officieux ; échange entre magistrats du siège et du ministère public ; échanges entre administrateurs de justice ; échanges entre partenaires de justice, quels qu'ils soient ; échanges bien sûr relatifs au droit et à son application, mais échanges qui s'étendent aux méthodes et pratiques juridictionnelles. Pour faire référence au cycle de conférence sur les pratiques juridictionnelles au service d'une espace de justice qui vient de s'achever à la Cour de cassation, ces pratiques s'entendent de toutes celles qui « *souvent cachées derrière l'office du juge de dire le droit en appliquant la loi* » « *traduisent la volonté du magistrat, dans son environnement en transformation et fort de son éthique, de répondre aux besoins des justiciables et de la société* »[2].

Faire émerger les besoins, concevoir et construire des solutions à partir des besoins des justiciables s'inscrit dans la démarche qui est celles des médiateurs, prescripteurs ou

---

[1] Statuts de GEMME.

[2] Notice de présentation du cycle de conférence 2023 sur « penser les pratiques juridictionnelles au service d'un espace de justice ».

accompagnateurs de médiation que vous êtes, convaincus que le juge, sans renoncer à sa mission de trancher le litige dont il est saisi, non seulement peut, mais doit, et de façon pro active, proposer aux parties à l'instance contentieuse, d'oser emprunter la voie de l'amiable judiciaire pour tenter de régler le conflit qui les oppose.

L'amiable n'est plus aujourd'hui un mode dégradé des flux judiciaires. S'il est un enseignement tiré des consultations effectuées en France au cours des États généraux de la justice[3], et dont le ministre de la Justice français a pris toute la mesure en janvier dernier en faisant de l'amiable en matière civile un axe essentiel et ambitieux de son plan pour une justice plus rapide et plus efficace[4], c'est bien que la justice doit donner sa place à l'amiable proposé par le juge, à l'amiable mis en œuvre à l'ombre du juge, à l'amiable mené avec l'appui du juge.

Les représentants français vous feront part des récentes et prochaines réformes législatives et réglementaires qui ont et vont enrichir la palette des dispositifs amiables mis à disposition des juges. Ils vous diront, je n'en doute pas, combien ils attendent de l'expérience, du savoir-faire et de la force d'entraînement et de conviction, bref des pratiques, de ceux d'entre vous qui, au Canada, en Belgique, en Suisse et ailleurs nous ont précédés pour mettre en place le modèle de consensus en matière familiale ou pour expérimenter et ancrer dans les pratiques juridictionnelles, quelques fois sans texte, sans être découragés par le scepticisme ou désintérêt des collègues, confrères ou partenaires, les audiences de règlement amiable. Ils seront également intéressés par les enseignements de ceux d'entre vous qui

---

[3] Le rapport des États généraux de la justice : Rapport justice civile : point II : construire une véritable offre de justice amiable, structurée et de qualité Tome_1.docx (justice.gouv.fr).

[4] Présentation du plan d'action pour une justice plus rapide et plus efficace.

ont tenté des dispositifs préalables obligatoires de médiation ou encore par les suggestions de ceux d'entre vous qui parviennent à mettre les nouvelles technologies au service des interactions humaines, inhérentes au succès d'un processus amiable.

Vous aurez réciproquement à apprendre du dynamisme des juges français, de l'ordre judiciaire comme de l'ordre administratif, qui pour les premiers développent des pratiques innovantes d'injonction à la médiation en matière civile, commerciale et sociale et pour les seconds parviennent à convaincre les représentants des administrations de s'asseoir autour de la table avec les usagers des services publics.

L'offre amiable constitue d'évidence un mode adapté et non plus seulement alternatif de résolution des litiges soumis au juge. Nul n'est besoin de rappeler, dans cette enceinte, que l'offre amiable de justice est pour le conseil de l'Europe un élément essentiel de l'efficacité de l'offre de justice et pour l'Union un critère de sa qualité [5] ; elle constitue pour l'OCDE un service de justice de plein exercice garantissant un accès à la justice centré sur les personnes[6].

Au travers des pourvois qui leur ont été soumis au cours des récentes années, les chambres civiles de la Cour ont pu mesurer l'émergence des outils de l'amiable dans les procédures judiciaires. Mais ce n'est pas de la jurisprudence de la Cour sur les clauses amiables dans les contrats de travail[7], de construction[8], de collaboration libérale[9] ou sur

---

[5] Tableau de bord de l'UE Conseil de l'Europe – CEPEJ.
Com., 22 juin 2022, pourvoi n° 20-11.846.

[6] Projet de recommandation n° 16 OCDE ass. Soc. 21 septembre 2022, 21-14.171.

[7] Cass. soc. Avis, 14 juin 2022, 22-70.004.

[8] Civ. 3e, 11 mai 2022, n° 21-16.023 ; Civ. 3e, 16 mars 2022, n° 21-11.951.

[9] Cass. Civ. 1, 8 mars 2023, 20-10.879.

l'obligation de recours à l'amiable ou encore la mise en œuvre de ses dispositifs [10] dont je veux vous entretenir.

Consciente de l'intérêt croissant pour la résolution amiable des litiges émanant des professionnels de justice et du législateur, mais également de nos concitoyens, la Cour de cassation française s'est interrogée très simplement : « la médiation devant la Cour de cassation, pourquoi pas ? »[11], pour envisager les raisons qui s'opposeraient à ce que la Cour de cassation elle aussi, pour reprendre les propos souvent cités de M. Pierre DRAI, également ancien Premier président de la Cour de cassation, propose aux parties « *un moment d'humanité dans des procédures souvent kafkaïennes* ».

Sous l'impulsion de Mme Chantal ARENS, alors première présidente de la Cour de cassation, les magistrats du siège et du parquet général, les avocats aux Conseils et le personnel de notre greffe, croisant leurs regards et leurs analyses sur ce que représente une instance en cassation, sont parvenus à la conclusion[12] qu'en dépit des spécificités de l'office du juge de cassation, la médiation judiciaire pouvait être mise en œuvre à hauteur de cassation.

Leurs réflexions ont bien évidemment été éclairées par l'article 21 du code de procédure civile selon lequel « *il entre dans la mission du juge de concilier les parties* », et

---

[10] Art. 750-1 Cass. Civ. 2, 15 avril 2021, n°20-14.106 ; prescription : Cass. Com. 11 mai 2022, n° 20-23.298 ; suspension des délais pour conclure : Cass. 2, 12 janvier 2023, 20-20.941 ; confidentialité : Cass. Civ. 2, 9 juin 2022, 19-21.798 compatibilité des fonctions de médiateur et conciliateur : Civ. 2e, 15 déc. 2022, F-B, n° 22-60.140 ; homologation des accords Cass. 2e Civ., 2 déc. 2021, n° 20-14.092.

[11] Dalloz actualité - La médiation devant la Cour de cassation, pourquoi pas ? – Chantal Arens, Première présidente de la Cour de cassation et François Molinié, président de l'Ordre des avocats au Conseil d'État et à la Cour de cassation – 7 juillet 2021.

[12] Rapport 2021 du groupe de travail : la médiation devant la Cour de cassation.

ce, sans distinction selon l'office du juge. Le groupe de travail a considéré qu'en dépit de sa spécificité, l'instance en cassation pouvait constituer un moment adapté pour proposer une médiation : un temps judiciaire s'est écoulé générant chez les parties des sentiments de lassitude ou de désillusion, de dépossession de leur litige, d'insatisfaction des solutions jugées ; la fin du procès approche et avec lui le temps de la mise à exécution d'une décision qui peut, ne pas ou ne plus, répondre aux besoins des parties ; l'instance en cassation voit intervenir de nouveaux acteurs avec lesquelles les parties, contraintes de réexaminer leur litige et donc leur conflit au travers du prisme, réducteur, des cas d'ouvertures à cassation, peuvent prendre du recul.

C'est dans ces conditions que la chambre sociale, la chambre commerciale et les chambres civiles de la Cour de cassation ont proposé aux parties et à leurs conseils de tenter l'aventure de la médiation. L'expérience a été proposée par exemple en matière sociale dans des litiges opposant employeur et salarié, à l'occasion d'une action en contrefaçon de marque et concurrence déloyale et parasitaire[13], dans le cadre d'un litige fondé sur l'existence d'un vice du consentement relatif à l'éligibilité à un dispositif de défiscalisation[14], à l'occasion d'un conflit d'usage d'une cour commune[15]. L'une de ces propositions a été acceptée dans le cadre d'un pourvoi sur renvoi après cassation : c'est dire qu'à hauteur de cassation, il n'est pas forcément trop tard. La proposition de médiation, le cas échéant accompagnée d'une invitation des parties à rencontrer un médiateur chargé de les informer, gratuitement, sur l'objet, le déroulement et l'issue d'une médiation, peut être faite et la médiation ordonnée par le président de chambre avant l'examen du pourvoi par la

[13] Com., 7 septembre 2022, pourvoi n° 21-12.602.
[14] Com., 22 juin 2022, pourvoi n° 20-11.846.
[15] Information en cours.

chambre saisie. La proposition et la médiation peuvent également émaner de la formation de jugement elle-même, à l'issue de l'examen du dossier, dans le cadre d'une cassation assortie d'un sursis à statuer sur le renvoi devant le juge du fond. Toutes ces configurations ont d'ores et déjà été expérimentées par les chambres. Les mesures en cours et les succès, qu'ils se traduisent par des désistements ou des homologations d'accord[16] sont encore modestes en nombre, mais la démarche, qui a été confortée par une adaptation des textes applicables devant la Cour de cassation[17], est engagée.

C'est avec intérêt également que la Cour de cassation suivra les travaux du Conseil national de la Médiation[18] que doit prochainement installer le ministre de la Justice. Associant personnalités qualifiées, représentants des associations intervenant dans le champ de la médiation, des administrations, des juridictions et des professions du droit, ayant une expérience pratique ou une formation à la médiation, il sera chargé, sous la présidence en alternance d'un conseiller à la Cour de cassation et d'un conseiller d'État, de rendre des avis dans le domaine de la médiation et, notamment, de proposer un recueil de déontologie applicable à la pratique de la médiation et des référentiels des nationaux de formation des médiateurs.

Je ne saurai plus longtemps retarder la prise de parole des prochains orateurs.

Je conclurai, paraphrasant le père de l'article 21 du code de procédure civile déjà évoqué, à savoir le Doyen Cornu qui voyait dans la conciliation judiciaire « *un rêve de justice* » et considérait que « *Justice et paix s'embrassent en non pas s'embrasent* », en regrettant de ne pas pouvoir

---

[16] En cours devant la deuxième chambre.

[17] Art. 1 012 et 1 014 du code de procédure civile, dans leur version issue du décret n° 25 février 2022.

[18] Art. 21-6 de la loi n° 95-125 du 8 février 1995 modifiée.

suivre, au travers de vos travaux, « *les chemins si divers qui peuvent conduire la justice jusqu'à la paix, malgré le heurt des intérêts et la violence des passions, malgré le feu sur la terre.* »[19].

[19] Gérard CORNU R.I.D.C. 2-1997.

CÉLÉBRATION
DU VINGTIÈME ANNIVERSAIRE
DE LA CRÉATION DE GEMME

DISCOURS DES FONDATEURS

GEMME… 20 ans déjà ! 2003 - 2023.

Guy CANIVET
Premier président honoraire de la Cour de cassation,
ancien membre du Conseil constitutionnel,
président d'honneur de GEMME et de GEMME-France

Toute organisation a une histoire : Il est souvent utile de s'en souvenir et il faut rendre hommage aux organisateurs de ces « Assises internationales de la médiation » de l'avoir fait en invitant à cette manifestation commémorative, et dans le cadre prestigieux du Conseil de l'Europe, ceux qui furent les témoins de son origine.

Pour moi, l'aventure de GEMME commence en 2003, par la visite que me fit Béatrice Brenneur accompagnée de deux de ses collègues, à la Cour de cassation, pour me faire part de son projet. À l'époque, faute d'une politique organisée de mise en œuvre par le ministère de la Justice et de lignes directrices, les dispositions de la loi du 8 février 1995, qui pour la première fois institutionnalisait la médiation, et celles du décret du 22 juillet 1996 s'appliquaient difficilement dans les juridictions. Les pratiques, souvent timides étaient très éparses.

À la Cour d'appel de Paris, nous avions, aussitôt, tenté de mettre en place une politique de médiation, en créant une liste de médiateurs, en informant systématiquement les parties de la possibilité de solliciter l'ouverture d'une médiation, en demandant aux chambres de les y inciter dans affaires propices à un règlement amiable et en instaurant un suivi mensuel des résultats.

Je dois avouer que malgré tous nos efforts, ces résultats ont été modestes. La majorité des présidents de chambre n'y était pas préparée, les avoués étaient indifférents sinon hostiles pour des raisons économiques qu'on peut comprendre, l'intérêt de la médiation était encore peu compris des avocats qui s'abstenaient souvent de la conseiller à leurs clients.

De son côté Beatrice Brenneur, au sein de la chambre sociale de la Cour d'appel de Grenoble avait instauré des pratiques d'incitation à la médiation très volontaristes qui remportaient beaucoup de succès auprès des parties et de leurs avocats, mais étaient désapprouvées par son premier président.

Nous étions l'un et l'autre convaincus que la médiation présentait de grands avantages, économiques, sociaux, psychologiques, moraux et pratiques pour les parties, mais que son développement devait être fortement stimulé. Autrement dit, il fallait un propulseur… un booster.

C'est ce que GEMME proposait de faire : initier des pratiques innovantes, les faire connaître, recenser celles qui existaient dans certaines juridictions, les harmoniser, former les juges à la médiation, rassembler des médiateurs de qualité et les former, se mettre à la disposition des juridictions et du ministère de la Justice, agir auprès des pouvoirs publics pour l'amélioration des textes et d'emblée se placer dans un cadre européen puis international afin de se renforcer des expériences dans les autres États et du soutien des institutions européennes.

Le Conseil de l'Europe avait, en effet, déjà publié plusieurs Recommandations sur la médiation relayées par la Commission européenne pour l'efficacité de la justice. Quant à la Commission de l'Union européenne, elle avait engagé les consultations préparatoires à ce qui allait devenir la directive de 2008.

J'ai donc associé la Cour de cassation à ce mouvement en acceptant de le présider et en participant à ses événements, en accordant à GEMME un soutien intellectuel et logistique, notamment en y accueillant le siège de l'association ; tandis qu'en même temps les arrêts de la cour développaient une jurisprudence accordant une force obligatoire aux clauses de recours à la médiation.

Lorsque j'ai quitté la Cour de cassation début 2007 et cédé la présidence de GEMME, grâce à l'engagement, au dynamisme et à l'inventivité et au sens de l'organisation, de son équipe dirigeante, l'essentiel de ce programmé était engagé : la section française était active et vigoureuse, le réseau européen était constitué, des contacts avait été pris hors d'Europe, une doctrine et une éthique de la médiation s'étaient forgées, des sessions de formation étaient organisées, plusieurs colloques avaient eu lieu, notamment en Italie.

Le travail accompli en si peu de temps par ce groupe de pionniers a été remarquable. Par la suite, depuis le Conseil constitutionnel, j'ai évidemment continué à m'intéresser à la progression du mouvement. Je dois dire que je n'ai cessé d'être impressionné par la force de la dynamique lancée, comme par l'esprit positif et la qualité morale de ceux qui l'ont perpétuée jusqu'à aujourd'hui. Une communauté de pensée et d'action s'est créée, elle est belle, elle vit intensément.

Grâce à elle, en France et en Europe, la médiation a connu un développement considérable. Mais c'est une autre histoire…

Béatrice BLOHORN-BRENNEUR
Présidente de chambre honoraire,
ancienne médiatrice du Conseil de l'Europe,
présidente d'honneur et fondatrice de Gemme,
présidente de GEMME-France et de CIM

L'apport de GEMME de 2003 à 2023

Pourquoi avoir choisi Strasbourg pour fêter les 20 ans de la création de GEMME ?

Strasbourg, c'est déjà évoquer le Conseil de l'Europe, créé en 1949, pour garantir et promouvoir les Droits de l'Homme sur notre continent. Le drapeau européen comporte 12 étoiles, symbole de plénitude, rassemblées en cercle, signe d'union : la médiation c'est un trait d'union entre les personnes en conflit.

Mais la médiation se retrouve également dans l'histoire de Strasbourg. Pour tenter de conserver l'unité de l'empire de Charlemagne, le 14 février 842, deux de ses petits-fils, Louis le Germanique et Charles le Chauve se sont réciproquement juré fidélité lors des **serments de Strasbourg.** Le problème est qu'ils ne parlaient pas la même langue : Louis parlait le tudesque et Charles, le Roman. Pour que chaque armée comprenne le contenu du serment, chacun a fait son discours dans la langue de l'autre. Quel bonheur pour un médiateur d'entendre chacune des parties parler le langage de l'autre ! Louis et Charles appliquaient les leçons de leur grand-père Charlemagne : *« Parler une autre langue c'est avoir une autre âme ».*

Pourquoi GEMME a-t-il été créé ?

GEMME trouve son origine dans la crise que traverse la justice et qui est due à deux erreurs essentielles :

– La première, communément admise, qui est de croire que son rôle est de trancher les litiges et de dire le droit. Au fronton de l'ENM à Bordeaux, on voit une juge en incitant d'autres à la rejoindre pour « protéger les droits ».

Or **appliquer la loi n'est qu'un moyen** donné au juge pour remplir la finalité suprême de sa fonction qui est de **contribuer à la paix sociale**. L'article 21 du CPC français donne d'ailleurs au juge la mission générale de concilier les parties. Mais on l'a oublié au profit que quelque chose de bien plus excitant : le procès.

– La deuxième erreur est de penser que l'argumentation juridique exposée devant le juge est l'unique cause du conflit. En fait, la raison profonde de la mésentente est très souvent à rechercher dans la blessure psychologique que vit celui qui saisit la justice. En traduisant l'humain en équation juridique, la machine judiciaire ne contribue pas à apaiser sa souffrance.

Le juge, qui n'a que la loi comme outil, ne peut pas toujours être le garant de la paix sociale. Il est temps d'ancrer notre justice sur le roc solide du respect et de l'écoute de l'autre. Nous sommes au pied du mur, la violence de nos sociétés en est un témoignage. C'est alors que la médiation trouve toute sa place.

Quand nous avons installé, à la chambre sociale de la cour d'appel de Grenoble, à partir de 1996, une pratique de la médiation, nous nous sommes heurtés aux résistances, à l'indifférence, voire à l'hostilité du monde judiciaire : lettres anonymes, injures écrites, campagne de presse, menaces de mort, et j'en passe, ont accompagné notre expérience de médiation. Qu'il est difficile de bousculer l'immobilisme judiciaire et de changer les mentalités !! Mais comme le disait Einstein, il est plus difficile de changer les mentalités que de provoquer la fission de l'atome.

Éric Battistoni, notre collègue belge, a vécu la même mésaventure. Tous deux, nous avons pensé que pour répandre une **culture européenne de paix par la médiation**, il fallait s'unir. Selon un proverbe africain : *« seul on va plus vite, ensemble, on va plus loin »*. Il fallait donc créer une association pour **rassembler les magistrats européens** et déboucher sur un partenariat entre juges, avocats, médiateurs, greffiers, notaires et huissiers.

La création de GEMME

Jacques Clavière-Schiele, président de chambre à la cour d'appel de Paris, s'est joint à nous. Tous trois, nous avons voulu donner à notre association un parrain de renom, connu pour avoir tenté de développer les modes amiables de règlement des conflits. Le futur président de GEMME devait avoir les qualités humaines d'écoute des autres. Un nom s'est imposé : Guy Canivet, alors premier président de la Cour de cassation.

En octobre 2003, il nous a reçus tous les trois et accepté, malgré ses lourdes tâches, de nous apporter son appui en prenant la présidence de GEMME, en participant à ses événements, en lui accordant un soutien intellectuel et logistique, en acceptant son siège social à la Cour de cassation, bref en associant la plus haute juridiction française à ce mouvement.

Le 19 décembre 2003, une trentaine de magistrats de l'Union européenne, venus d'Allemagne, de Belgique, d'Espagne, du Portugal, de France, d'Italie, composant l'assemblée constituante de GEMME, était réunie à la Cour de cassation. C'est ainsi qu'est né le Groupement européen des magistrats pour la médiation (GEMME).

L'âme de GEMME

On me demande parfois : « pour adhérer à GEMME, cela coûte 50 €. Mais quel retour ai-je de mes 50 € ? »

Et je réponds inlassablement :

« Avec 50 €, vous avez le droit de faire partie de cette grande famille de GEMME.

Avec 50 €, vous avez le droit de vous engager bénévolement pour contribuer à implanter la paix dans le monde, la paix dans l'institution judiciaire, la paix dans les cœurs.

Avec 50 €, vous saurez comment apporter votre aide à celui qui vit un conflit ; vous pourrez vous mettre au service de vos concitoyens pour organiser la vie sociale pour le bien-être de tous ».

GEMME a une âme. Les membres de l'association vivent en communion (en étymologie, ils sont « comme un ») devant la souffrance et la détresse humaine. Ils réagissent avec leurs sentiments, leurs sensibilités, leurs ressentis, leurs émotions, leurs affects et leur amour sous toutes ses formes. Ils peuvent, alors, mettre leur esprit et leur intelligence en route pour créer un monde meilleur. Sans âme, pas de souffle de vie : « L'âme s'émeut, l'esprit se meut ; l'âme résonne, l'esprit raisonne », disait François Cheng, membre de l'Académie française.

L'âme de GEMME, c'est ce souffle vital qui anime notre grande famille et qui nous permet de créer et sans lequel nos actions n'auraient pas existé ; nous n'aurions pas pu rassembler, créer des colloques, des assises internationales comme celle d'aujourd'hui, écrire des livres, le guide de la médiation et avoir l'écoute des instances nationales et européennes.

Investir 50 € pour adhérer à GEMME et se sentir utile en créant un monde plus humain et plus juste, c'est le plus beau placement humain que l'on puisse faire. Il nous est dicté par l'intelligence du cœur.

Il arrive que mon interlocuteur reparte triste, car il ne constate aucun retour financier de ses 50 €. Il pense : « c'est un mauvais placement. J'ai l'impression d'avoir jeté mon argent par la fenêtre ».

Certes, celui-ci possède l'intelligence cérébrale des bons commerçants et financiers, mais peut-être lui manque-t-il l'intelligence du cœur en action, c'est cette action à laquelle vous contribuez, qui caractérise les membres de GEMME et qui me semble valoir beaucoup plus que 50 €.

Aujourd'hui, plus de 800 personnes en Europe ont suivi ce chemin, au sein de GEMME.

L'épopée de GEMME me fait penser à cette phrase de Pierre Corneille dans le Cid :

« Nous partîmes 500, mais, par un prompt renfort
Nous nous vîmes 3000 en arrivant au port.
Tant à nous voir marcher avec un tel visage,
Les plus épouvantés reprenaient de courage »

Nous partîmes 30 de la Cour de cassation en 2003, mais par un prompt renfort, en arrivant aujourd'hui au Conseil de l'Europe, nous sommes 800 membres, répartis dans 26 pays de l'Union européenne et de l'AELE, marchant, la main dans la main, équipe solidaire, européenne, qui a su dépasser les frontières nationales.

Au sein de GEMME, les juges ne sont plus isolés, dans leurs bureaux, pour affronter l'hostilité régnante en 2003. GEMME leur dit : « Tenez bon, on est là » ! C'est ce qui s'est passé lorsque des juges de GEMME ont connu des soucis liés à la médiation. Des collègues du conseil d'administration sont allés plaider leur cause auprès des instances judiciaires de leurs pays. C'est cela GEMME !

Alors, comme disait Pierre Corneille : *« les plus épouvantés reprenaient de courage »*. La solitude est vaincue au sein de la grande famille de GEMME : on est tous unis pour une même cause.

L'œuvre de GEMME

Pour faire connaître la médiation, il fallait en inculquer la culture. Pendant 20 ans, GEMME et ses sections nationales ont organisé des colloques et des sessions de formation dans de nombreuses villes européennes.

Aujourd'hui, GEMME est un interlocuteur auprès des institutions européennes et a le statut d'observateur auprès du Conseil de l'Europe.

L'œuvre de Gemme a été déterminante. Observatoire privilégié pour la médiation, GEMME a fait l'inventaire des bonnes pratiques et donné des avis.

Il reste maintenant à créer une liste européenne des médiateurs, avec des critères de sélection des médiateurs, programmes de formation et organismes d'accréditation. C'est ce que la section française de GEMME appelle de ses vœux.

GEMME fait autorité auprès des instances nationales : sa section française fait partie du Conseil national de la médiation (CNM), sorte d'observatoire national de la médiation, créé par le Ministère de la Justice française le 25 octobre 2022 ; aux termes d'une convention signée avec l'École Nationale de la Magistrature (ENM), GEMME-France a en charge la formation, dans toutes les juridictions françaises, des juges destinés à présider les audiences de règlement amiables (ARA).

GEMME a connu de grands présidents qui nous ont quittés

Je voudrais rappeler la mémoire de Sir Gavin LIGHTMAN, président de GEMME entre 2010 et 2012, qui aimait notre association et avait su la conduire dans l'humilité et l'écoute de l'autre.

Jaime CARDONA FERREIRA, président de la Cour Suprême du Portugal, prit sa suite, entre 2012 et 2016. Ce fut un très grand président, qui, hélas, nous a quittés lui aussi.

Les grands hommes savent rester humbles. Jaime nous a donné sa fidèle amitié, sans prendre le pouvoir ni décider à la place du conseil d'administration. Il a su créer une équipe soudée où nous tous, petites fourmis de l'ombre, unies dans la confiance et l'amitié, avons pu travailler la main dans la main, personne ne cherchant à surpasser les autres.

Jaime, tu es parti et tu nous as laissés orphelins. Lors de ton oraison funèbre, nous avons souligné ta gentillesse, ton humilité naturelle et ta sagesse, qui te donnaient l'autorité de ceux qui ont l'intelligence du cœur. Tu étais un grand leader respecté et admiré.

En 2014, GEMME a célébré les 10 ans de sa création à la Cour de cassation. Que s'est-il passé entre les 10 ans et les 20 ans de GEMME ?

Le thème que nous avions choisi pour fêter les 10 ans de GEMME était « La médiation, un chemin de paix pour la justice en Europe. »

Dans un édito, Jaime Cardona Ferreira écrivait :

> « GEMME, est une association internationale de personnes de cultures différentes qui doit assumer **l'unité dans la diversité**. GEMME contribue à développer une Justice meilleure en Europe, plus humaine, qui se rend dans des délais raisonnables, grâce à la médiation. Et cette année, nous irons, avec fierté, célébrer le 10e anniversaire GEMME ! »

Et 10 ans plus tard, je reprends cette phrase : « célébrons avec fierté le 20e anniversaire de GEMME ! ».

Gavin Lightman

Jaime Cardona Ferreira

Eric BATTISTONI

Magistrat honoraire du tribunal du travail de Liège,
médiateur agréé CFM, ancien vice-président de GEMME,
fondateur de GEMME, président du Comité scientifique
du Conseil international de la médiation (CIM).

L'apport de GEMME de 2003 à 2023 :

L'épreuve du temps est la meilleure mesure de la vaillance d'une association et de ses membres.

C'est pourquoi je vous propose de jeter ensemble trois regards sur GEMME : en 2003, en 2013, en 2023.

Regards rétrospectifs donc, et aussi regards prospectifs déjà.

2003, l'année de fondation de l'association GEMME… accomplir un impératif catégorique de Justice !

En cette année 2003, Fathi BEN MRAD défendit sa thèse de doctorat intitulée « Sociologie des pratiques de médiation », à l'université de METZ. Cette étude reste un document pionnier et de référence.

D'un œil critique, BEN MRAD y observe combien le droit positif s'impose de plus en plus dans les interdépendances quotidiennes, au détriment d'une régulation autonome des interactions sociales. Cette suprématie du droit dissout les solidarités. Le tissu relationnel devient plus tendu, plus rugueux.

En parallèle, la dogmatique du droit réduit non seulement la formation des juristes, mais encore leur champ d'intervention, en confondant le Droit avec la Loi. Ceci mécontente les Français qui déclarent un indice de confiance de 38 % dans l'institution judiciaire (sondage CSA de 1997). Par ricochet, les médiations pallient l'inadéquation des règles d'un droit devenant tout-puissant.

La mise en œuvre d'un ordre juridique négocié ne va pas sans mal, car l'institution judiciaire n'abandonne pas du tout son ambition de monopole sur la vie juridique. Elle ne soutient pas ces modes de régulation formalisés qui échapperaient à son contrôle. Elle tient les instances de médiation sous sa tutelle !

Certes, nos tribunaux remplissaient bien leur première fonction judiciaire, cette mission « à court terme » qui nécessitait de trancher (**en séparant deux adversaires au milieu de leur combat**).

Cependant, Monsieur CANIVET, Madame BRENNEUR et moi-même, nous pensions qu'une seconde fonction judiciaire, notre mission « à long terme » selon les mots de Paul RICŒUR, nous imposait aussi de réaliser la paix sociale (**pacifier durant le temps qui suivra la dispute**).

Rompant avec la dogmatique dominante, GEMME pouvait être cette « minorité agissante » qui initierait une paix sociale parachevée grâce à la médiation, à la conciliation et à d'autres modes amiables.

Avec son concept d'*activisme minoritaire modifiant les représentations sociales* », Serge MOSCOVICI nous mettait en garde : le renversement d'une représentation sociale dominante prenait vingt à trente ans !

2013, l'année entamant le second décanat de l'association GEMME… majorer la confiance !

En l'année 2013, notre minorité agissante GEMME avait pris ses marques dans plus de quinze pays.

Après dix années, il s'avérait que les pratiques amiables répondaient bien à une expectative du justiciable.

Les mots « coopération » et « confiance » étaient de mise : je relève que la conférence célébrant les dix ans du GEMME pointa Niklas LUHMANN et sa « confiance comme *médium symbolique généralisé* », ou encore Kenneth ARROW et sa « confiance comme *lubrifiant universel des interactions économiques* »

En 2013, les modes amiables apportaient beaucoup de pain sur la planche judiciaire !

2023, l'année entamant le troisième décanat de l'association GEMME… la réflexivité amiable !

En cette année 2023, on observe une tendance générale en Europe à favoriser la résolution des conflits par les modes amiables. La conférence célébrant les vingt ans du GEMME le démontrera concrètement.

Mais les modes amiables ne sont ni des baguettes magiques ni des tours de passe-passe ! Stimuler la médiation et la conciliation pour des raisons d'économie, c'est penser mal : on pousse à la négociation plutôt qu'à l'adjudication. Or l'adjudication et la médiation se veulent comme des « modèles de justice », pas la négociation !

À peine de se galvauder eux-mêmes, les modes amiables de résolution des conflits doivent se constituer en systèmes de justice. Mais comment y parvenir ?

La négociation est naturellement un jeu conflictuel et non coopératif. Le jeu ne devient coopératif qu'à condition d'être encadré par des règles. Lesquelles ? Qui les détermine ? Qui surveille et sanctionne ? En 2023, la réponse manque.

De 2023 à 2033, ce sera le rôle du GEMME d'y pourvoir.

Même si la médiation inclut des valeurs d'autonomie, il importe d'encourager les médiateurs et les juges conciliateurs ou homologateurs, à poser les bonnes règles, les règles d'un juste processus, les règles d'un accord qui sera perçu comme équitable par chaque partie.

Ces règles qui empêcheront le conflit de se dissoudre dans une négociation de mauvaise foi. Ces règles qui rassureront la bonne foi et la confiance dans le dialogue amiable. Ces règles qui garantiront le respect de droits libres, égaux et éclairés, comme doivent le pratiquer tous les modèles de justice, amiables comme judiciaires !

Dragoş CĂLIN

Juge à la Cour d'appel de Bucarest,
ancien vice-président du GEMME

Il est difficile de constituer et de faire vivre une association, notamment une association plurinationale, avec des personnes de différents pays, de différentes cultures, sensibilités, manières d'être et pensées. Mais il est possible de vivre cette diversité et faire prévaloir l'unité, car il y a un lien qui nous lie les uns aux autres et fait naître, entre nous, un esprit commun.

Nous souhaitons Justice et Paix pour nos pays et pour nos citoyens compatriotes. Et nous savons que la médiation est, aujourd'hui, un « outil » indispensable, au service des citoyens titulaires des intérêts dont les conflits doivent être éliminés.

Jaime Octávio Cardona Ferreira, ancien Président de GEMME, ancien Premier président de la Cour Suprême du Portugal, disait il y a déjà dix ans : « Si tu veux la Paix, lutte pour la Justice ! Et nous ajoutons que la médiation est un chemin utile pour ces objectifs. Nous savons que la juridiction est indispensable et fondamentale. Mais nous savons aussi, aujourd'hui, qu'un seul chemin pour la justice n'est pas suffisant pour régler tous les conflits. »

Plein de sagesse, d'énergie, d'écoute, de gentillesse et de douceur, le chef de notre grande famille de GEMME aimait dire : « Jaime aime GEMME ».

Jaime, avec Gavin LIGHTMAN, Michel BRENNEUR et Ruben MURDANAIGUM, les quatre que Dieu a rappelés trop tôt, ont construit, avec d'autres juges enthousiastes, les fondations d'une association d'amis, de gens simples avec des âmes pures.

Les fondateurs de GEMME et tous les membres qui ont fait connaître l'association sont précieux. Guy CANIVET, Béatrice BRENNEUR, Éric BATTISTONI, Jacques SALZER, Michèle WEIL, Danièle GANANCIA, Christiane GUTIERREZ, François STAECHELÉ, Linda Benraîs, Ivan VEROUGSTRATE, René CONSTANT, Isabelle BIERI, Blaise BATISTOLLO, Pascual ORTUNO, Marta NAGY, Evgeni GEORGIEV, Anne-Martiens VAN DER DOES, Éric VAN ENGELEN, Paul GILLIGAN et bien d'autres.

Ils doivent être valorisés. Sans eux, aujourd'hui aurait été n'importe quel jour.

Longue vie pour GEMME !

LES INSTITUTIONS EUROPÉNNES

I. CONSEIL DE L'EUROPE

Médiation et droits de l'homme.

Francis DANGEL
Directeur général de l'administration
au Secrétariat général du Conseil de l'Europe

Notre maison des droits de l'homme et de la démocratie s'est trouvée honorée que GEMME choisisse ses locaux pour tenir ses IXes Assises internationales de la médiation. Un lien privilégié lie le Conseil de l'Europe à la médiation à double titre. Parmi les activités mises en œuvre par l'Organisation pour ses 46 États membres, la Commission européenne pour l'efficacité de la justice (CEPEJ) œuvre pour améliorer les pratiques de médiation en Europe.

En interne, au niveau de notre Secrétariat, la médiation est un moyen de prévenir et de résoudre les situations difficiles au travail.

La médiation est proposée à notre personnel depuis plus de 25 ans. Nous faisons appel contractuellement à des médiateurs professionnels externes, une femme et un homme, lesquels sont nommés par la Secrétaire générale sur proposition de l'Administration et du Comité du personnel. Cette nomination, par la plus haute autorité de notre Secrétariat, montre l'engagement de notre Organisation à donner à la médiation une place importante dans notre pratique administrative interne.

A ses débuts, la médiation était liée principalement au respect de la politique de dignité humaine et à la prévention du harcèlement moral et sexuel au travail. Depuis quelques années, les domaines d'intervention de nos médiateurs se sont élargis : au cours de leurs permanences mensuelles, ils sont amenés à intervenir aussi bien dans la prévention des conflits, la restauration de relations interpersonnelles dégradées, de problèmes de communication (qui peuvent souvent prendre une ampleur plus importante dans une organisation multiculturelle comme la nôtre) ou lors de tensions entre agents et managers pendant l'exercice annuel d'évaluation de la performance.

Aujourd'hui, leur mission va bien au-delà des conseils qu'ils peuvent donner au personnel ou des médiations qu'ils organisent. Ils font en effet partie d'un réseau interne, le Réseau Bien-être, composé de représentants de la Direction des ressources humaines, du Comité du personnel, l'équipe médicale, l'assistante sociale et des personnes relais dans les services que nous appelons les Personnes de confiance. Ce réseau se réunit chaque mois pour échanger sur les typologies de situations difficiles qui sont signalées à travers l'Organisation. Ses membres décident ensemble d'actions à mener pour sensibiliser le personnel. Par exemple, ce réseau a mené trois campagnes au cours des dernières années : campagne sur la prévention du stress et du burn-out au travail ; campagne sur le bien-être au travail ; campagne sur l'importance du respect entre collègues.

Les médiateurs publient un rapport d'activités tous les deux ans qu'ils présentent à la Secrétaire générale, accompagné de recommandations sur les améliorations à apporter à nos pratiques en matière de ressources humaines. Leur regard sur les dysfonctionnements dans notre Organisation peut impacter sensiblement les changements de notre culture organisationnelle.

Plus récemment, les médiateurs ont contribué à la réflexion qui a conduit à la réforme administrative. Par la nature diplomatique du Conseil de l'Europe, notre Secrétariat dispose de son propre cadre juridique en matière de droit du travail. D'importants changements de notre réglementation interne ont été faits pour renforcer le cadre éthique, par la mise en place de trois solides piliers : un Code de conduite, une politique de respect et de dignité et une politique de signalement des comportements inappropriés.

Quelques mots enfin sur les défis que notre Secrétariat doit encore relever.

La sensibilisation du personnel reste primordiale pour que la médiation devienne un réflexe naturel dès qu'une tension, un problème de communication ou un conflit interpersonnel surgit entre collègues. Nous avons déjà beaucoup progressé grâce à nos médiateurs successifs qui redoublent d'initiatives pour informer et former le personnel. Cela dit, il reste encore une certaine hésitation à recourir au médiateur. Il s'agit souvent d'une méconnaissance de la médiation, mais parfois aussi de craintes, voire de perceptions qu'il pourrait y avoir des représailles pour les personnes qui choisiraient la médiation.

Notre environnement multiculturel est également un grand défi. Nous avons 46 nationalités, plusieurs sites, dont quelque 500 collègues dans des bureaux extérieurs, principalement en Europe centrale et orientale. Il n’est pas toujours facile de se comprendre malgré le respect de nos différences et c’est pourquoi le message du ‘bien vivre ensemble’ est un des points d’orgue de notre réforme administrative et de la prochaine Stratégie des ressources humaines 2024-2028.

Médiatrices du Conseil de l'Europe.

Prévention et résolution des conflits.

Martine VAN DER WIELEN
Médiateur externe du Conseil de l'Europe, formatrice

Résumé : La médiation au Conseil de l'Europe

Témoignage sur le dispositif de prévention et de résolution des conflits qui recourt à un médiateur externe.

Cette présentation développera le champ d'action de la médiation ainsi que son intégration dans l'organisation que cela soit du point de vue réglementaire et déontologique et permettra aux lecteurs de déterminer les avantages et inconvénients de ce modèle qui peut être répliqué dans les entreprises et autres organisations.

Depuis 1998, soit depuis près de 25 ans, le Conseil de l'Europe a fait le choix d'intégrer en son sein un dispositif de prévention et de résolution des conflits par la médiation.

Cela fait maintenant six années que j'interviens en tant que médiateur externe auprès du Conseil de l'Europe et je vous propose de présenter ce modèle très complet en détaillant le champ d'action de la médiation ainsi que son intégration dans l'organisation.

Cela permettra aux participants de mieux appréhender les avantages et limites de ce modèle qui peut être répliqué dans les entreprises et autres organisations et qui l'est d'ailleurs, à ma connaissance, au sein d'autres organisations internationales.

Il s'agit bien entendu d'une médiation qui s'inscrit dans le cadre conventionnel et non pas judiciaire.

Le statut du personnel consacre l'article 14 à la résolution des conflits. Il est prévu qu'en cas de litige, la résolution amiable est encouragée dans toute la mesure du possible. Un mécanisme de médiation indépendante est établi pour faciliter la prévention des litiges et leur résolution non contentieuse.

Un autre document présente plus en détail les lignes directrices de la mise en place de la médiation que ce soit en matière de définition de la médiation, son champ d'action, la saisine des médiateurs, la nomination des médiateurs ainsi que le déroulé du processus et le règlement de questions pratiques.

La définition adoptée est la suivante et ne se démarque pas par rapport à la définition habituelle : « La médiation se définit comme un processus informel, structuré, volontaire et coopératif, fondé sur la responsabilité et l'autonomie des participants, pour la prévention et la résolution amiable des conflits. Initiée par les participants eux-mêmes, la médiation implique un médiateur formé qui est une tierce partie indépendante, neutre et impartiale. Le processus de médiation est confidentiel ».

La particularité de cette définition est qu'elle reprend les notions de responsabilité et d'autonomie des parties qui même si elles font partie du credo des médiateurs ne font en général pas partie de la définition standard de la médiation.

Dans le cadre de ce dispositif, il est donc prévu la nomination de deux médiateurs externes, une femme, un homme, qui sont indépendants et choisis à partir de 2023 pour une période unique de cinq ans. Auparavant, il s'agissait d'un mandat de deux ans, renouvelable deux fois. Les médiateurs disposent d'un secrétariat et soumettent tous les deux ans un rapport d'activité au secrétaire général.

Les médiateurs exercent leurs fonctions au siège du Conseil de l'Europe au cours de permanence trois jours par mois et peuvent également tenir des réunions en ligne.

Les demandes de médiation sont formulées en français ou en anglais.

Mon collègue Christophe Imhoos et moi-même mettons en place un processus qui consiste à accompagner les parties lors d'une conversation durant laquelle chaque partie retrouve progressivement ses repères et confiance dans ses capacités et devient plus attentive à la façon dont l'autre vit le conflit par le biais de la compréhension et de la reconnaissance. Cela permet de transformer la qualité de l'interaction et de la relation et place les parties dans un environnement où les problèmes peuvent être discutés et les solutions possibles explorées.

Le champ d'application est défini par l'Organisation. Dans le cadre du Conseil de l'Europe, la médiation a pour objet : « d'accompagner les agents à une résolution amiable d'un différend interpersonnel ou toute situation qui a des répercussions sur leur bien-être ou leur performance au travail ».

En marge d'un différend né d'une décision administrative prise par le supérieur ou la supérieure hiérarchique d'un agent, le moyen approprié de contester la décision peut aller jusqu'au tribunal administratif du Conseil de l'Europe (TACE) qui est une juridiction administrative internationale habilitée à trancher le contentieux du travail entre les agents et anciens agents du Conseil de l'Europe, ainsi que leurs ayants droit, et leur employeur. Néanmoins dans une telle situation, la médiation peut être utile pour traiter les aspects interpersonnels du différend, en tentant de rétablir la relation qui s'est dégradée suite à ce différend.

Voici quelques exemples de situations qui ont fait l'objet de médiation.

- Un agent qui suite à une réaffectation et/ou des arrêts-maladie, se retrouve en difficulté, car non accompagné : son équipe et sa hiérarchie ne comprennent pas son vécu et son besoin de progressivité dans la reprise des activités.
- Un manager qui semble dans l'incapacité d'évaluer objectivement la durée des tâches qu'il confie et cela génère des situations de surcharge de travail chronique : « Je suis en surcharge de travail et quand j'essaie d'en parler, mon manager refuse toute discussion et devient distant ou agressif » ; ou encore : « Je suis engagée à mi-temps, mais je travaille à temps plein et mon manager dit que c'est parce que je le veux bien… . »
- Un agent en difficulté parce qu'on ne lui donne pas de tâches/missions, et que certaines de ses activités sont confiées à autrui sans autre discussion et explication
- Un agent qui perçoit les arrêts-maladie répétés d'autres agents comme des choix de confort calculés, voire une forme de vengeance vis-à-vis du manager

qui ignore souvent la souffrance effective de la personne, ainsi que l'impact de leurs propres comportements sur cette souffrance.
- Une situation où un membre de l'équipe était considéré comme « la personne à problème ».

Les spécificités de ce dispositif sont les suivantes :

1. La définition et le processus de médiation correspondent à ce qui est pratiqué en France avec cependant quelques particularités. En effet, compte tenu de ce qu'il s'agit d'une organisation internationale au sein de laquelle les lois nationales ne s'imposent pas, certaines particularités peuvent être mises à jour notamment en ce qui concerne la définition qui mentionne l'autonomie et la responsabilité des parties. En matière de confidentialité, le principe de confidentialité est bien entendu confirmé. Cependant il ne s'applique pas dans les situations où il semble y avoir un risque imminent de préjudice pour une personne. Dans ce cas, le médecin de l'Organisation et le directeur des ressources humaines seront informés d'urgence de la situation. Cette précision ne figure pas comme telle dans les textes concernant la médiation judiciaire en France.

De plus, la violation de la confidentialité par l'un des participants à la médiation est couverte par les textes et peut faire l'objet de sanctions disciplinaires. En outre, toute ingérence dans le processus de médiation ou toute intimidation de la part d'un autre membre du personnel peut être signalée aux médiateurs et/ou au directeur des ressources humaines et donner lieu à des sanctions disciplinaires. À nouveau, je n'ai pas rencontré une telle mesure dans le cadre de mon intervention dans d'autres entreprises. Comme cette dernière particularité fait partie des nouveaux textes qui viennent d'être adoptés, je n'ai pas rencontré de situation où cela s'appliquait.

2. L'intervention de deux médiateurs externes qui interviennent en alternance ou en même temps, ce qui permet la co-médiation notamment pour des situations qui font intervenir de nombreux participants, ce qui est très enrichissant pour les médiateurs et souvent bénéfique pour les participants à la médiation. En outre, comme les médiateurs ne commencent pas leur mandat en même temps, cela permet une intégration plus souple du nouvel arrivant. Enfin, il y a toujours quelqu'un avec qui on peut échanger en confidentialité sur les dossiers en cours.

3. La nomination des médiateurs est faite par la plus haute instance de l'Organisation (SG), sur proposition d'un panel composé de représentants des Ressources humaines et du Comté du personnel et ce, pour une période de longue durée (5 ans au Conseil de l'Europe) avec un budget prévu pour leur intervention renforce la notion d'indépendance et permet aux médiateurs d'intervenir sans en référer à quiconque. Cela renforce également la confidentialité puisqu'il est possible de mettre des médiations en place sans autorisation ou intervention des RH. Les médiateurs bénéficient ainsi d'une grande liberté et possibilité de s'organiser comme ils veulent.

4. La mise en place de permanence régulière, c'est à dire trois jours par mois avec une grande disponibilité des médiateurs qui communiquent leurs numéros et adresses-mails externes à l'Organisation. Cela permet aux agents de prévoir notre venue ainsi qu'une très grande flexibilité des interventions en dehors de nos permanences et facilite le premier contact avec le staff qui se fait sans passer par les ressources humaines ou le management. La confidentialité s'en trouve renforcée. Cela permet également un suivi des dossiers dans la durée.

5. La participation volontaire des médiateurs aux réunions du réseau bien être composé des personnes de confiance, des représentants du personnel et des RH, du médecin du travail, d'une assistante sociale et des médiateurs. Ce réseau se réunit mensuellement afin de discuter des situations critiques tout en respectant le caractère confidentiel des informations. Aucun cas particulier n'est exposé. Les secteurs présentant des situations difficiles sont signalés. Aucune personne ne peut être nommée, sauf si elle a donné son accord. Le réseau a pour mission de mettre en place des actions en vue d'améliorer le bien-être au travail : enquêtes sur le bien-être au travail, campagnes diverses (sur le bien-être au travail, sur le stress et le burn-out, sur le respect).

Au départ, je dois avouer avoir été réticente à y participer par crainte des répercussions que cela pouvait avoir sur la perception des agents vis-à-vis de mon indépendance. Rétrospectivement, cela a permis une meilleure compréhension de l'Organisation et permis de participer aux diverses campagnes évoquées ci-dessus et de positionner la médiation comme mode alternative de résolution des conflits.

6. L'aspect sensibilisation. L'intervention régulière des médiateurs et la mise à la disposition de ces derniers de certains moyens humains et financiers nous permettent de faire un travail de sensibilisation notamment sur le site intranet de la médiation, par le biais de la publication de Newsletters qui traitent de sujets en lien avec la médiation. Nous avons mis en place également une vidéo sur les bénéfices de la médiation et un petit clip incitatif à la médiation. De plus nous avons organisé des rencontres avec les agents et les managers et les différentes directions mis en place de nombreuses actions de formation et de sensibilisation à la prévention des conflits et à la médiation.

Cela participe au développement de la culture de la médiation.

7. L'aspect prévention. Comme tout médiateur, je suis en faveur de la mise en place de mesures de prévention des conflits. J'aime reprendre cette image du conflit donnée par le linguiste Olivier Bernard.[1] Pour ce dernier, le conflit a comme étymologie le mot « confluent », lieu instable et dangereux pour les embarcations, car les remous de deux cours d'eau qui se mélangent créent une zone à risque. Quand ces remous sont dépassés, le courant commun est enrichi de la force des deux courants réunis.

En tant que médiateur, j'interviens souvent au sein des entreprises en plein tourbillonnement lorsque le conflit est aigu et le plus difficile à gérer car souvent enraciné. À ce niveau, le sauvetage de la relation professionnelle n'est pas évident. Cela peut prendre du temps et demander de nombreuses conversations et actions dans la durée pour retrouver un courant apaisé.

Il est dès lors préférable d'agir en amont des remous, au plus près de la source, de manière à éviter que le conflit ne devienne récurrent pour augmenter ensuite en intensité.

C'est l'un des effets que je perçois comme très positifs de la mise en place de ce dispositif, cela permet aux agents de contacter le médiateur très en amont, ce qui est plus compliqué lorsqu'il est fait appel de manière ponctuelle à un médiateur. J'ai ainsi été contactée à quelques reprises par des agents qui m'ont demandé d'intervenir bien en amont. Dans un cas, l'intervention s'est faite avant même que la situation ne soit connue par le deuxième agent. En effet, la partie intéressée avait déjà eu l'occasion de faire appel à un médiateur dans sa vie personnelle et elle nous a contactés rapidement. Elle sentait qu'une certaine tension était en

[1] Formation animée par Olivier Bernard le 23/01/2015 « L'impact des mots ».

passe de s'installer entre elle et son collègue, que cela pouvait dès lors dégrader leur relation professionnelle et que ce n'était pas l'avenir qu'elle envisageait. Le collègue est littéralement tombé des nues et la réunion de médiation leur a permis de fluidifier leur relation. Voici le message reçu après la médiation :

> « Je tiens par contre à souligner que l'entretien que nous avons eu avec vous a réellement permis de dénouer des tensions et faciliter les réunions en équipe. La situation de travail s'est améliorée, non seulement pour moi, mais aussi pour mes collègues.et, même si tout n'est pas parfait, je pense que nous comprenons mieux la façon dont nous fonctionnons. C'est ce que j'ai appris c'est que la médiation est un outil efficace pour mettre fin aux conflits et qu'il n'est jamais trop tôt pour la demander !

8. La présentation tous les deux ans au Secrétaire général d'un rapport d'activité indiquant le nombre et la nature des problèmes dont les médiateurs sont saisis, dans le respect du principe de confidentialité. Dans leur rapport d'activité, les médiateurs peuvent formuler des recommandations et suggérer des modifications des règles et des pratiques administratives relatives au règlement des litiges sur le lieu de travail. C'est en outre une occasion supplémentaire de parler de la médiation.

En conclusion, ce dispositif présente de très nombreux avantages pour l'Organisation, le staff et les médiateurs.

La mise en place et le maintien depuis plusieurs décennies de ce dispositif sont un message adressé par la gouvernance en lien avec le respect des valeurs de l'Organisation comme l'intégrité, le respect et le professionnalisme.

Pour le staff, il permet un accès rapide, efficace et confidentiel aux médiateurs et à la médiation comme mode de prévention et de résolution de leurs conflits, de même qu'une plus grande exposition à la culture de la médiation.

Pour les médiateurs, le fait d'intervenir sur la durée leur permet de faire un travail de sensibilisation en profondeur et d'assurer le suivi des interventions de médiation.

Un des désavantages pourrait être en lien avec l'indépendance du médiateur. Ce risque est réel, mais il dépend du médiateur qui par sa posture influencera la perception des agents quant à l'indépendance de la médiation. De plus, des gardes fous ont été mis en place comme un mandat unique et le fait que les médiateurs ne rendent de compte que tous les deux ans au Secrétaire général.

Médiation de groupe dans les conflits intra-entreprises.

Béatrice BLOHORN-BRENNEUR
Présidente de chambre honoraire,
présidente de GEMME-France et de CIM,
ancienne médiatrice du Conseil de l'Europe

Résumé

Un groupe n'est pas une juxtaposition de personnes ; c'est une entité distincte. La pensée collective du groupe n'est pas le reflet de la pensée individuelle des membres du groupe.

Dans un groupe, bien souvent la majorité reste silencieuse pour conserver l'harmonie. Officiellement tout va très bien : on est en présence de la « non-pensée » du groupe.

L'opposant devient le bouc émissaire, responsable de la mauvaise ambiance.

Le rôle du médiateur sera de faire nommer le conflit et de favoriser la liberté d'expression des membres du groupe. Il utilisera des techniques afin que s'exprime la majorité silencieuse.

Nommée médiatrice du Conseil de l'Europe, je pensais pouvoir régler facilement les conflits au sein des différents services puisqu'ils étaient pris en amont. En fait, j'ai découvert des conflits non nommés où tout le monde affiche une apparente satisfaction. Pourtant, une enquête au sein du Conseil de l'Europe révélait que 25 % des agents prétendaient avoir fait l'objet de harcèlement moral. Comment agir sur des conflits de groupe si personne ne se plaint de rien ?

1. Le groupe et la pensée de groupe

On ne peut parler de médiation de groupe sans partir de la définition du groupe.

Un groupe n'est pas une juxtaposition de personnes ; c'est un ensemble de personnes ayant des buts communs : association de médiateurs, ou de pêcheurs à la ligne, par exemple.

Le groupe est parfois une entité juridique dotée de la personnalité morale (entreprise, associations...), distincte des membres qui la composent.

Il peut se diviser en sous-groupes, en clans, en famille. Un service structuré se comporte parfois comme un groupe avec son existence propre et ses comportements spécifiques.

On comprend dès lors que les conflits intra entreprises dépassent les relations entre deux personnes.

Je me souviens avoir animé une formation sur la médiation avec un autre formateur, Claude de Doncker.

Celui-ci avait placé les participants du groupe en rond. Il a pris une pelote de laine, en a tiré un fil qu'il a maintenu entre ses doigts et a envoyé le reste de la pelote à une personne du groupe. Cette dernière a fait de même et chaque participant, à son tour, a envoyé la pelote à un autre membre du groupe. Lorsque tout le groupe s'est retrouvé relié par un fil de laine, l'animateur est entré dans le centre du cercle et a emmêlé les fils. Pour ne pas lâcher son bout de laine, chaque participant devait se déplacer.

« C'est cela le conflit, » a conclu notre animateur. « Quand deux personnes ont un différend, tout le monde est concerné et bouge de sa position. »

Le groupe a une pensée collective et les individus, pour se faire accepter et conserver l'harmonie du groupe, hésitent à affirmer leurs idées. Noyés dans la masse, ils adoptent un comportement stéréotypé conforme à la norme dégagée par la majorité. Officiellement, tout va très bien.

Résultat : la dynamique du groupe est bloquée.

On peut dès lors parler de la « non-pensée » du groupe.

L'individu vit dans l'illusion de la supériorité du groupe et de l'unanimité. Les dissensions internes cachées, il s'autocensure.

Celui qui ne s'aligne pas sur le groupe est écarté. Gare à l'opposant qui se révèle : c'est l'homme à abattre ; il devient le bouc émissaire, responsable de la mauvaise ambiance du groupe

Les faibles sont tentés de se donner de l'importance et en rajoutent. Ce qu'une personne seule n'aurait jamais osé faire, elle le fait en groupe où la responsabilité individuelle est diluée.[1] Il arrive qu'une frénésie collective s'empare d'un groupe.

[1] Irving Janis, 1972.

Entretiens privés et entretiens collectifs

Comment savoir ce que pensent les personnes au sein d'un groupe si l'on s'en tient à des entretiens collectifs où règne une apparente harmonie ?

Dans mes fonctions de médiatrice au sein du Conseil de l'Europe, j'ai reçu un agent, en malaise dans son service. Pour lui, le chef de service était mégalomane et paranoïaque : il humiliait publiquement des agents et personne ne disait rien. Bien évidemment, il tenait à garder notre entretien confidentiel.

Dans le mois qui suivit, 11 personnes sur les 19 que comprenait le service ont fait la même démarche, chacun pensant être le seul à venir se plaindre auprès du médiateur. Quelle n'a pas été la surprise de la 11e personne, quand je lui ai révélé que 10 autres étaient déjà venus ! Le médecin du travail a confirmé le turn-over impressionnant de ce service. D'où l'importance des rencontres privées pour connaître l'existence d'un conflit.

2. Les conflits de groupe

A. Les causes du mauvais climat social

Elles résultent parfois d'un comportement personnel du manager : favoritisme (pour le choix départ en congé par exemple), manque de respect (entrer dans bureau sans frapper ni dire bonjour), demande d'un travail en urgence, remarques critiques dans les couloirs ou publiquement, blocage de l'accès aux informations, refus de travailler avec certaines personnes, entretiens d'évaluation non d'objectifs (en ne soulignant que les points négatifs), mauvaise définition des fonctions… À l'inverse, renforcer l'esprit d'équipe (en favorisant les réunions de service régulières), veiller à prodiguer des paroles valorisantes et lutter contre le favoritisme contribuent à créer une bonne ambiance dans le service et évitent la naissance des conflits.

B. Le traitement du conflit

Comme tout ce qui est vivant, un conflit naît, croit et meurt. Il peut aussi se reproduire et faire des petits. Traiter le conflit initial en oubliant ses enfants est un écueil à éviter.

Un chef de service, nouvellement nommé, se fait seconder par Pierre qu'il connaît. Il lui donne une partie des fonctions qui incombaient à Paul ; ce dernier refuse de donner à Pierre les éléments pour faire les rapports.

Une partie du service crie au favoritisme envers Pierre et soutient Paul. Résultat : dans l'entreprise, deux clans ne se parlent plus. C'est « eux contre nous ». L'ambiance est exécrable, mais personne ne se plaint ouvertement, surtout à la veille des évaluations, par peur des représailles.

Le médiateur va se trouver face à deux conflits : le conflit initial (répartition des tâches mal définies) et le conflit de normes né de la création de deux clans qui ne se parlent plus. Le conflit, en modifiant les normes de comportement du groupe, a « muté ».

Deux conflits nécessitent deux interventions : l'intervention sur le conflit initial n'a pas d'effet sur le conflit de normes. Même si les tâches sont redéfinies (conflit initial), le conflit va perdurer si Paul continue à cacher l'information à Pierre (conflit de normes).

Le conflit chronique a créé un état émergent. On est passé d'une fonction de résultat à une fonction de cause : ne plus se parler est devenu la cause d'un conflit.

3. La médiation de groupe

Il y a plusieurs techniques pour faire exprimer la majorité silencieuse :

L'expression se libère soit au sein d'entretiens séparés et confidentiels où les agents s'exprimeront plus facilement, soit au sein de séances plénières qui permettront de mieux « brasser les cartes ». Les individus ont tendance à se regrouper en clans autour de la table ; le médiateur pourra attribuer des places différentes aux participants, de retour après une pause.

Le médiateur pourra expliquer le phénomène pour permettre des prises de conscience, encourager les leaders à moins parler ou leur donner la parole en dernier. Il pourra aussi désigner l'avocat du diable qui s'opposera à toute suggestion, sans être stigmatisé puisqu'il est dans son rôle. Pour faire exprimer les désaccords de manière anonyme, il pourra recourir à des boîtes à idées ou des discussions anonymes en ligne, à une division en sous-groupes avec confrontation des résultats. Le médiateur pourra aussi faire intervenir un tiers (expert), favoriser le travail en équipe, faire jouer des jeux de rôle, organiser des jeux pour détendre l'atmosphère et tout ce qui pourra supprimer la responsabilité individuelle…

Pour débloquer l'ambiance négative qui épuise l'énergie, il pourra être utile de suggérer une activité commune : ski en week-end, dîner en ville, cinéma…

On le voit, médiation individuelle et médiation de groupe obéissent à des règles différentes.

Médiation à la Banque européenne de développement du Conseil de l'Europe.

Bertrand DELCOURT
Médiateur de la Banque européenne de développement du Conseil de l'Europe.

La Banque de Développement du Conseil de l'Europe (CEB), qui a son siège à Paris, emploie 211 agents issus des 42 États membres qui en sont actionnaires. Il s'agit donc d'un univers de travail imprégné d'une très forte dimension interculturelle. Pour contribuer à la résolution de conflits par des solutions à l'amiable, la CEB a instauré en son sein la fonction de médiateur en 2011. Sa mission est de contribuer au règlement amiable des litiges dont il est saisi, et de prévenir la survenance de conflits. Le médiateur est nommé par le Gouverneur pour un mandat de deux années, reconductible deux fois.

Ayant eu l'honneur d'être nommé dans ces fonctions à compter du 1er février 2019, et entamant mon troisième mandat, je me propose de vous faire part de quelques observations tirées de cette expérience sur le positionnement du médiateur dans cette organisation, sur les spécificités qui m'apparaissent devoir être mises en lumière et sur la dimension interculturelle des conflits susceptibles de survenir dans ce cadre.

Positionnement du médiateur au sein de la Banque

L'institution à la CEB d'un médiateur interne rend la pratique de la médiation plus aisée et plus accessible aux agents que ne le permettrait le recours à un médiateur externe pour les raisons suivantes :

- La prise en charge par la Banque du coût de la médiation est systématique ;
- Le médiateur est consultable *in situ*, tout agent pouvant demander à le rencontrer et susciter l'organisation de rencontres bilatérales ou multilatérales sur le lieu et dans le temps du travail, sans que cela ne génère aucune difficulté d'organisation ; il m'est arrivé, occasionnellement, de rencontrer un agent hors de la CEB, à sa demande, par exemple pendant un arrêt de travail durant lequel il ne souhaitait pas se rendre dans l'enceinte de la Banque ;
- Tout agent de la CEB peut recourir au dispositif en toute discrétion, sans que sa hiérarchie n'ait nécessairement connaissance de sa démarche, dès lors que le dispositif de prise de rendez-vous est à la main du médiateur.

Un certain nombre de dispositions permettent de garantir l'indépendance du médiateur :

- Aucun lien de subordination ne pèse sur le médiateur ;
- Sa rémunération est déterminée par avance, en fonction du nombre de permanences qu'il tient ;
- Il est investi d'un mandat d'une durée suffisante pour se sentir libre de toute influence.

Dans le respect de la confidentialité qui s'attache à sa mission, le médiateur entretient un dialogue suivi avec le Directeur des Ressources humaines, la Directrice du contrôle de la conformité (avec les lois et règlements, les codes de bonne conduite et les normes internationales en matière de bonnes pratiques) et les élus du personnel…

À titre personnel, cette expérience a considérablement modifié la perception que j'avais des médiateurs internes au regard de la condition d'indépendance. J'ai souvenir d'un agent qui m'a confié que s'il était venu me voir sans illusion, considérant que le médiateur adopterait nécessairement une position alignée sur celle de la Banque, qui le nomme et le rémunère, il n'en considérait pas moins, après deux heures d'entretien, avoir bénéficié d'un accueil et d'une écoute traduisant une impartialité et une neutralité de nature à lui donner confiance dans le processus.

Parce que son action s'inscrit dans la continuité, le médiateur interne participe des dispositifs qui contribuent à promouvoir la justice organisationnelle au sein de la CEB.

Quelques spécificités

- Le dispositif de permanences régulières

Au début de mon mandat, le dispositif consistait en une permanence d'une journée par mois. Avec le développement du télétravail, il nous a semblé préférable d'y substituer 2 demi-journées par mois, plus si nécessaire, afin d'accroître les opportunités de rencontre.

L'instauration de permanences périodiques a pour corollaire une telle disponibilité du médiateur que cela constitue presque une forme d'incitation à y recourir. La facilité avec laquelle le médiateur peut être saisi induit même une tentation d'inscrire le traitement d'une situation dans la durée. Si la limitation du temps d'intervention présente parfois, pour un médiateur, certaines vertus, l'instauration d'un suivi constitue aussi un avantage. En de nombreuses occasions, j'ai reçu un agent plusieurs mois après avoir été mobilisé à sa demande, ce qui a permis de tirer ensemble les enseignements de mon intervention et, parfois, de procéder à des ajustements.

- La dimension préventive

Du fait de sa présence récurrente et de sa connaissance des instances de la CEB susceptibles d'être associées au traitement d'un conflit, le médiateur est à même d'être saisi en amont de tensions relationnelles au sein d'un collectif de travail ou de difficultés induites, par exemple, par un changement d'organisation.

De cette commodité d'accès et de cette disponibilité, il résulte qu'il est loisible à tout agent de solliciter du médiateur qu'il le reçoive seul pour lui confier des difficultés auxquelles il est confronté, sans nécessairement requérir l'instauration d'une séance bilatérale avec un représentant de la CEB. Cet espace d'expression fait office de « soupape » et permet à l'agent qui a saisi le médiateur d'exprimer son ressenti, de confier son mal-être, sans que cela ne l'oblige à se dévoiler ni ne prête, à ce stade, à quelque conséquence que ce soit.

La saisine du médiateur peut ainsi constituer, pour l'agent, un moyen de transmettre à la Direction de la CEB des revendications (demande de promotion, difficultés relationnelles rencontrées avec un N+1…) de façon indirecte et non conflictuelle. En s'adressant au médiateur, l'agent signale son insatisfaction, avant qu'elle ne dégénère en frustration, puis ne s'envenime en produisant un conflit ouvert.

- Le rapport annuel

Au nombre de ses attributions, et en vertu de l'arrêté 01/2011 du 4 octobre 2011, il revient au médiateur de présenter au Gouverneur de la CEB *« un rapport d'avancement dans lequel il indique les cas qui lui ont été soumis et qu'il a déclarés recevables »* et, selon une périodicité annuelle, *« un rapport de synthèse, dans lequel il résume le nombre et la nature des problèmes qui lui ont été soumis, la mesure dans laquelle ces problèmes ont été résolus ou non, en exposant les motifs qui font obstacle, à son avis, à la solution amiable de certains litiges »*.

L'établissement de ce rapport nécessite une anonymisation des situations et des agents concernés. Ma pratique est de distinguer dans ce rapport :

- Une partie quantitative qui donne des indications sur le nombre et la typologie des saisines, le nombre et la nature des entretiens (en présence, en visioconférence, la langue de travail, français ou anglais…) ;
- Une partie qualitative illustrée par des *verbatim* qui permettent de donner une image aussi fidèle que possible du climat de travail et de l'impact des problématiques rencontrées sur les effectifs de la Banque ;
- Des recommandations en vue d'accroître l'efficacité du dispositif de médiation ou de faire apparaître des pistes de progrès.

Un exemple concret de la dimension préventive de cette médiation

Un agent originaire d'un pays d'Europe centrale vit mal le contrôle étroit que sa N 1, elle-même originaire d'un pays bordant la méditerranée, exerce sur son activité. Très spécialisé dans son domaine d'activité, il considère que les délais d'approbation des documents qu'il produit et les corrections qu'elle lui demande d'y apporter procèdent d'un micro-management dont il ne peut s'accommoder. Elle-même, certes moins compétente dans ce champ d'activité, possède en revanche une grande expérience du financement des projets internationaux et souhaite parfaire et harmoniser la présentation formelle des livrables issus de son Département. À cela s'ajoutent des comportements personnels qui répondent à des pratiques culturelles distinctes : réserve et discrétion confinant à la pudeur pour l'un, jovialité pouvant être perçue comme de l'exubérance pour l'autre.

Lors de la saisine du médiateur, l'agent qui éprouvait un manque de confiance et de considération présentait des symptômes manifestes de mal-être au travail et sa N + 1 était dans l'incompréhension, vivant très mal les accusations dont elle faisait l'objet au regard de la bienveillance dont elle était convaincue de faire preuve. Les entretiens individuels préparatoires et les deux séances plénières se sont échelonnés sur plusieurs mois, cette temporalité s'étant avérée déterminante pour l'évolution des perceptions de chacun. Ces séances ont permis de clarifier les faits, chacun étant amené à les reconsidérer au travers des prismes culturel et professionnel de l'autre, de restaurer la confiance mutuelle et le désir de collaborer. En définitive, il n'y a eu ni arrêt de travail ni signalement pour harcèlement moral. J'ai souvenir qu'à l'issue du processus, l'un d'entre eux a conclu la séance en ces termes : *« cette médiation nous a permis de trouver le moyen de vivre nos désaccords ».*

Actions de la Commission européenne pour l'Efficacité de la Justice (CEPEJ).

Muriel DÉCOT

Fonctionnaire du Conseil de l'Europe
et Secrétaire exécutive de la Commission européenne
pour l'efficacité de la Justice (CEPEJ)[1]

Résumé

La médiation s'inscrit pleinement dans la mission de la Commission européenne pour l'efficacité de la justice (CEPEJ) visant à renforcer l'efficacité et la qualité de la justice en Europe, et notamment en recherchant les moyens

[1] Le CEPEJ a fêté ses 20 ans l'an dernier.

de désengorger les tribunaux. Offrir aux États des solutions effectives pour prévenir les violations du droit à un procès équitable dans un délai raisonnable (Article 6 de la Convention européenne des droits de l'Homme), et ainsi contribuer à limiter les recours devant la Cour européenne des droits de l'Homme est l'une des raisons pour laquelle la CEPEJ a été instituée. Les avantages de la médiation ne se limitent pas à délester les tribunaux d'une partie de leur charge de travail l : elle est aussi, et peut-être avant tout, profitable aux parties et aux justiciables, ultimes bénéficiaires des politiques de justice cherchant à répondre aux mieux aux besoins des parties. Autant de raisons pour lesquelles la CEPEJ a pour objectif d'œuvrer au développement de l'usage de la médiation en Europe en élaborant depuis 2007 des lignes directrices et outils pratiques à l'attention des acteurs de la médiation et des autorités publiques sur des sujets tels que la formation et la qualification à la médiation, l'accès à la médiation, la sensibilisation des professions judiciaires et des usagers de la justice. Certains de ces outils ont été élaborés conjointement avec les organisations représentant les professions judiciaires concernées.

La Commission européenne pour l'efficacité de la justice (CEPEJ) a été créée le 18 septembre 2002 par la Résolution Res (2002) 12 du Comité des ministres du Conseil de l'Europe. La création de la CEPEJ s'inscrit dans la volonté du Conseil de l'Europe de promouvoir l'Europe de droit et le respect des droits fondamentaux, sur la base de la Convention européenne des droits de l'Homme et notamment de ses articles 5 (Droit à la liberté et à la sûreté), 6 (Droit à un procès équitable), 13 (Droit à un recours effectif) et 14 (Interdiction de discrimination).

La CEPEJ a pour mission l'amélioration de l'efficacité et du fonctionnement de la justice dans les États membres et le développement de la mise en œuvre des instruments élaborés par le Conseil de l'Europe dans ce but. Pour réaliser ces différentes tâches, la CEPEJ met au point des indicateurs, collecte et analyse des données, définit des mesures et des moyens d'évaluation, rédige des documents (rapports, avis, lignes directrices, plans d'action, etc.), tisse des liens avec les instituts de recherche et les centres de documentation, invite des personnalités qualifiées, des ONG, procède à des auditions, développe des réseaux de professionnels de la justice.

Lors du troisième Sommet du Conseil de l'Europe (Varsovie, mai 2005), les Chefs d'État et de gouvernement ont décidé « d'aider les États membres à rendre la justice avec équité et rapidité et à développer des mesures alternatives de règlement des litiges ».

La CEPEJ a ainsi tout naturellement inscrit parmi ses priorités le fait de faciliter l'application effective des instruments et des normes du Conseil de l'Europe concernant les modes alternatifs de règlement des litiges.

De 1998 à 2002, le Comité des ministres du Conseil de l'Europe a adopté quatre recommandations sur la médiation en matière familiale, civile, administrative et pénale. Afin de compléter ces recommandations, la CEPEJ a créé un Groupe de travail (CEPEJ – GT-MED) en 2006, chargé d'élaborer un ensemble de lignes directrices pour soutenir et améliorer la mise en œuvre des recommandations existantes. Trois séries de lignes directrices ont été élaborées, couvrant les affaires civiles et familiales, administratives et pénales. Puis, dix années plus tard, la CEPEJ a chargé le CEPEJ-GT-MED, de 2017 à 2019, d'évaluer l'impact des lignes directrices et des recommandations dans les États membres, puis de compléter ces instruments avec de nouveaux outils afin de s'assurer que les États membres souhaitant développer la médiation dans leurs systèmes de justice internes, reçoivent un soutien effectif du Conseil de l'Europe. L'évaluation d'impact réalisée en 2017 a montré des résultats mitigés avec de grandes différences d'un État membre à l'autre. La CEPEJ a donc décidé de développer une « Boîte à Outils » pour le développement de la médiation, conçue pour aider tous les acteurs travaillant autour de la médiation à la développer, à la comprendre, à l'utiliser, et à l'utiliser de manière appropriée et efficace. Cette Boîte à Outils a donc été élaborée à l'intention des États membres désireux d'améliorer leur système national de médiation, mais aussi des prestataires de services de médiation, des juges disposés à renvoyer des affaires à la médiation, et des professionnels du droit qui travaillent avec la médiation ou qui en sont proches.

Certains outils ont été développés en coopération avec des organismes professionnels tels que le Groupe européen des magistrats pour la médiation (GEMME), l'Institut international de la médiation (IMI), le Conseil des barreaux européens (CCBE), l'Union Internationale des Huissiers de Justice (UIHJ) ou le Conseil des Notariats de l'Union européenne (CNUE).

Depuis 2020, la CEPEJ s'efforce de poursuivre le développement d'outils en matière de médiation et vient de publier un rapport sur la médiation administrative. Un travail est actuellement en cours sur la médiation en ligne.

Les outils développés par la CEPEJ pour promouvoir la pratique de la médiation s'articulent autour de plusieurs axes.

Le premier axe vise à *aider les États à développer l'usage de la médiation*. Il s'agit par exemple de l'Outil « Mise en place d'un projet pilote de médiation judiciaire : check-list de gestion » qui est destiné aux États membres désireux de développer l'utilisation de la médiation en mettant en place des projets pilotes. Il encourage l'engagement concerté, coordonné et interactif des juges, des avocats et des médiateurs. Il s'agit d'une check-list visant à s'assurer de la disponibilité des autorités judiciaires supérieures et de la coopération des divers acteurs. Une autre check-list permet de gérer le suivi du projet pilote. Un autre outil est compris dans cet axe : une « Grille de référence pour les indicateurs clés de performance de la médiation », conçue pour aider à améliorer la mesure de la performance des systèmes de médiation et pour permettre une analyse comparative de l'efficacité de ces systèmes dans les différents États membres. Si les États membres disposent de données cohérentes sur les indicateurs de performance, il leur est plus facile de suivre leur système de médiation et donc de progresser dans l'élaboration de nouvelles politiques.

Le deuxième axe consiste à *renforcer la qualité des services de médiation fournis*, notamment par la formation des médiateurs. Dans la majorité des États en effet, la formation des médiateurs n'est pas unifiée et homogène et il est difficile d'assurer la qualité de la médiation dans ces conditions. Ainsi, peuvent s'avérer utiles les « Lignes directrices sur la conception et le suivi des programmes de formation des médiateurs » développés avec l'IMI, ainsi que le « Programme de formation de base des médiateurs ». L'objectif est ici de fournir des orientations aux États membres et aux parties prenantes de la médiation sur la manière de mettre en place et de maintenir des programmes de formation de médiateurs efficaces et de qualité, en harmonisant des normes minimales de formation et en assurant un nombre adéquat de médiateurs bien formés pour chaque juridiction des États membres. Il détaille les grands principes, énumère les principaux thèmes à aborder, les compétences nécessaires, la durée de la formation, etc. La CEPEJ a également développé dans ce cadre un « Code de conduite européen pour les prestataires de services de médiation » qui énonce une série de principes que les centres, instituts ou autres prescripteurs de médiation peuvent s'engager volontairement à respecter lorsqu'ils interviennent dans tout type de litige, notamment en matière civile, commerciale, familiale, administrative et pénale. Il appelle également les législateurs des États membres à intégrer les règles de ce code dans l'environnement juridique régissant la médiation dans leur pays. Enfin, l'Outil « Formulaires types de médiation » comprend un modèle d'accord d'entrée en médiation, un modèle d'accord de règlement pour la médiation et un modèle de questionnaire de satisfaction pour la médiation. Un modèle de clause contractuelle prévoyant le recours à la médiation comme méthode de résolution des litiges est également proposé. Les noms et concepts utilisés dans les modèles de formulaires et dans les différentes dispositions peuvent nécessiter une adaptation à la législation nationale en vigueur.

Le troisième axe cherche à *développer la connaissance des professions judiciaires de la médiation et favoriser son usage par ces professions*. Il en est ainsi des juges ; la question de la sensibilisation des magistrats est fondamentale, puisque dans de nombreux cas, ce sont les juges qui renvoient une affaire à la médiation. Ce renvoi nécessite une connaissance approfondie de la médiation et des cas qui devraient être éligibles. Le document décrit ainsi les éléments qui indiquent qu'un renvoi en médiation peut être pertinent (cas à forte charge émotionnelle, besoin d'intimité et de confidentialité) et les éléments qui sont des contre-indicateurs (profond déséquilibre des forces, etc.). Lel « Guide sur le renvoi judiciaire à la médiation » est donc destiné aux magistrats, mais aussi aux greffiers et a été complété par le « Programme de sensibilisation à la médiation pour les juges » développé avec GEMME. D'autres outils de sensibilisation des professionnels du droit ont été développés par la CEPEJ : le « Guide de la médiation pour les avocats » élaboré conjointement avec le CCBE. Il résume les avantages de la médiation par rapport au processus judiciaire. Une partie y développe le rôle de l'avocat dans le processus en tant que conseil, celui du médiateur ainsi que les caractéristiques du processus. Parmi les sujets abordés : le choix par l'avocat et son client d'un mode de résolution comme partie intégrante de l'analyse du dossier, le conseil au client sur le mode approprié, l'assistance concrète au client pendant le processus (avec des exemples concrets), la rédaction de l'accord final et son exécution, et la sélection du médiateur. De manière générale, le Guide appelle à l'implication des barreaux dans la création d'un environnement propice à la médiation, « y compris la recommandation concrète » d'inclure dans les codes de conduite des avocats une obligation ou une recommandation d'envisager des modes alternatifs ou la médiation avant de saisir le tribunal et de fournir les informations et les conseils nécessaires au client. Comme pour les juges, cet outil a été complété par un « Programme de formation pour les avocats pour l'accompagnement des clients dans la médiation ». Des outils similaires existent également pour les notaires et les huissiers de justice, avec des approches spécifiques aux différentes professions : il s'agit du « Programme de sensibilisation et de formation à la médiation pour les agents d'exécution », élaboré conjointement avec l'UIHJ et le « Programme de sensibilisation à la médiation pour les notaires », élaboré conjointement avec le CNUE.

Enfin, deux Manuels sur des questions spécifiques viennent également compléter la boîte à Outils de la CEPEJ sur la médiation. Le premier s'intitule « Promouvoir la médiation pour régler les différends de nature administrative au sein des États membres du Conseil de l'Europe » et a été élaboré suite à une étude comparative sur les différents systèmes de médiation administrative en

Europe afin de faire un état des lieux et d'identifier, compiler et disséminer les bonnes pratiques en la matière et de réfléchir à ce que la CEPEJ pourrait proposer afin de mieux accompagner les États membres dans le développement et l'amélioration de l'usage de la médiation administrative. Ce Manuel a pour objectif de favoriser et faciliter l'usage de la médiation administrative dans les États membres.

Le « Manuel européen pour le développement des législations nationales en matière de médiation » est également un document essentiel pour les États qui souhaitent développer un cadre juridique propice au développement de la médiation en s'inspirant des meilleures pratiques issues des autres pays européens. Les législateurs nationaux sont encouragés à introduire des lois sur la médiation ou à modifier la réglementation existante afin de la rendre conforme aux normes internationales et à veiller à instaurer une médiation de qualité dans leurs pays respectifs. Les législations nationales des 18 pays suivants ont ainsi été étudiées : Allemagne, Autriche, Azerbaïdjan, Belgique, Croatie, Chypre, Espagne, Finlande, France, Irlande, Italie, Lituanie, Pologne, République tchèque, Serbie, Slovénie, Suisse et Turquie.

Ces différents instruments n'auraient qu'une utilité limitée sans l'action sur le terrain, et notamment l'enthousiasme et le dynamisme des médiateurs. Ils trouvent toute leur efficacité lorsqu'il s'agit de servir d'appui à des États dans lesquels la médiation est peu développée et offrent en tout cas aux acteurs de la justice des bases d'action, élaborées par des spécialistes européens en la matière.

II. UNION EUROPÉENNE

Implication de l'Union européenne dans le développement de la médiation.

Alain PILETTE
Directeur adjoint à la Direction générale Justice et Affaires intérieures du Conseil de l'Union européenne [1]

Une conception partagée de la médiation ?

Merci beaucoup de me permettre de participer à vos assises, en tant que représentant d'une des institutions européennes : le Conseil, qui est l'institution composée des représentants des États membres et qui est un co-législateur, ensemble avec le Parlement européen.

---

[1] Les opinions exprimées par l'auteur sont personnelles et n'engagent pas l'institution pour laquelle il travaille.

Au sein du Conseil, les travaux préparatoires se déroulent au sein de groupes de travail spécialisés avant de passer devant le comité permanent des ambassadeurs et ensuite d'être soumis aux ministres.

Plusieurs groupes de travail peuvent avoir à traiter de questions relatives à la médiation :

- le groupe de travail e-Justice, dans sa dimension accès aux informations et communication électronique dans le domaine de la justice,
- le groupe de travail droit civil, quant à la directive médiation de 2008 et à la Convention de Singapour de 2019 sur la médiation, et
- le groupe de travail droit pénal, quant à la directive droits de victimes de 2012, qui sera bientôt révisée, en ce qu'elle promeut la justice réparatrice telle que la médiation entre la victime et l'auteur de l'infraction.

Je ne saurais souligner assez combien le dialogue entre les institutions et les praticiens est important. Nous avons besoin de connaître la réalité des professions juridiques, leurs défis, difficultés et ambitions afin de mieux y répondre au niveau européen.

La directive de 2008 a été exposée par les intervenants précédents.

Le but énoncé de cette directive est, notamment d'encourager le recours à la médiation.

Le Portail européen e – Justice (https://e-justice.europa.eu/62/FR/mediation) donne accès à de nombreuses informations relatives à la mise en œuvre de la directive dans les États membres.

En introduction, le Portail indique : *« la médiation est plus ou moins développée dans les différents États membres : certains États disposent d'une législation complète ou de règles de procédure en la matière ; dans d'autres, les instances législatives se sont montrées peu soucieuses de réglementer la question. Néanmoins, il existe dans divers États membres une culture de la médiation solidement ancrée, qui table essentiellement sur l'autoréglementation ».*

Un rapport sur l'application de la directive 2008/528/CE a été publié par la Commission le 26.8.2016 (COM [2016] 542 final).

À son tour, le Parlement européen a adopté un rapport, le 27.6.2017, sur la transposition de la directive sur la médiation.

Que constatent ces deux rapports ? Que la directive a permis de mieux faire connaître aux législateurs nationaux les avantages de la médiation, mais que l'ampleur de l'incidence de la directive sur les États membres varie selon la situation préexistante de leurs systèmes nationaux de médiation.

Le Parlement regrette que « les objectifs mentionnés à l'article 1er de la directive, à savoir encourager le recours à la médiation et, surtout, garantir "une articulation suffisante entre la médiation et les procédures judiciaires", n'ont clairement pas été atteints, étant donné que le recours à la médiation concerne en moyenne moins de 1 % des affaires devant les tribunaux dans la majorité des États membres ».

Le Parlement met le doigt sur la trop grande hétérogénéité des mesures adoptées dans les différents États membres :

- Tous les États membres prévoient la possibilité, pour les tribunaux, d'inviter les parties à un litige à recourir à la médiation ou, à tout le moins, à prendre part à une séance d'information sur la médiation, mais certains États membres imposent la participation à une telle séance, à l'initiative du juge ou dans certains types de litiges prévus par la loi, notamment dans les affaires familiales.

- Certains États membres imposent aux avocats d'informer leurs clients de la possibilité de recourir à la médiation ou requièrent que les requêtes soumises aux tribunaux confirment que la médiation a été tentée ou qu'il existe des raisons qui empêchent cette médiation.
- De nombreux États membres encouragent financièrement les parties à recourir à la médiation, mais les méthodes diffèrent : en réduisant les coûts, en leur offrant une aide judiciaire ou en les sanctionnant en cas de refus non justifié d'envisager la médiation.
- Un Code de conduite européen pour les médiateurs a été publié sur le Portail e – Justice qui est directement utilisé par les parties intéressées ou constitue une référence pour la rédaction de codes nationaux ou sectoriels. Ceci étant, seule une partie des États membres a instauré des procédures d'agrément obligatoires pour les médiateurs et/ou des registres de médiateurs.

Le Parlement et la Commission ont invité les États membres à redoubler d'efforts pour encourager le recours à la médiation dans les litiges relevant du droit civil et commercial, notamment par le biais de campagnes d'information et l'échange de bonnes pratiques.

Le Parlement a invité la Commission :

- à évaluer la nécessité d'élaborer des normes de qualité communes à toute l'Union relatives à la prestation de services de médiation, en particulier sous la forme de normes minimales garantissant une certaine cohérence, tout en tenant compte du droit fondamental d'accès à la justice ainsi que des différences locales dans la culture de la médiation, afin de promouvoir davantage le recours à la médiation ;

- à évaluer la nécessité, pour les États membres, de créer et d'alimenter des registres nationaux recensant les procédures soumises à la médiation, qui pourraient être une source d'information pour la Commission, mais également être utilisés par les médiateurs nationaux pour bénéficier des meilleures pratiques à travers l'Europe ;
- à procéder à une étude détaillée des obstacles à la libre pratique au sein de l'Union d'accords de médiation et, dans le cadre du réexamen de la réglementation, à identifier des solutions permettant d'étendre le champ d'application de la médiation à d'autres affaires civiles ou administratives, mais note que la médiation peut perdre l'attrait et la valeur ajoutée qui en sont à l'origine, si des règles trop strictes sont mises en place pour les parties.

Parallèlement, certains instruments européens encouragent le recours à la médiation. Ainsi, l'article 25 du règlement (UE) 2019/1111 du 25 juin 2019 relatif à la compétence, la reconnaissance et l'exécution des décisions en matière matrimoniale et en matière de responsabilité parentale, ainsi qu'à l'enlèvement international d'enfants (Bruxelles IIbis refonte), qui dispose que :

> « Le plus tôt possible au cours de la procédure et à tout stade de celle-ci, la juridiction, soit directement, soit, le cas échéant, avec l'assistance des autorités centrales, invite les parties à examiner si elles sont disposées à entamer une médiation ou à recourir à tout autre mode alternatif de règlement des litiges, sauf si cela est contraire à l'intérêt supérieur de l'enfant, si ce n'est pas approprié en l'espèce ou si cela retardait indûment la procédure. »

Si l'on peut constater un intérêt pour la médiation et une volonté de promouvoir ce mode de règlement des litiges, on peut aussi regretter le caractère incomplet et disparate des solutions mises en œuvre au sein des différents États membres.

En tant que médiateurs, que souhaiteriez-vous ? Une révision de la directive de 2008 ? Un renforcement et le développement de programmes de formation ? Une certaine régulation de la profession ? Quel soutien souhaitez-vous de la part des institutions européennes et des États membres ?

Souhaitez-vous une meilleure évaluation des systèmes de médiation dans les États membres ? Le tableau de bord annuel de la justice dans l'Union européenne, publié chaque année, et alimenté par les fiches d'évaluation de la CEPEJ, mesure les efforts consentis par les États membres dans la promotion et l'incitation au recours aux modes alternatifs de règlement des litiges, la mise en place de systèmes d'aide aux victimes, et notamment l'offre de procédures de médiation et de conciliation.

Souhaitez-vous que l'impact du recours à la médiation dans l'efficacité des systèmes judiciaires soit davantage évalué et mis en lumière ?

Ni l'Union européenne ni ses États membres n'ont encore adhéré à la convention de Singapour de 2019. Recommandez-vous que l'Union européenne et/ou ses États membres y adhèrent ?

Le groupe de travail e-Justice a, entre autres choses, facilité la création de registres professionnels nationaux selon un schéma uniforme de sorte à y greffer des moteurs de recherche européens, tels que « find a lawyer », « find a bailiff », « find a notary ».

Les experts judiciaires sont occupés à constituer des registres nationaux et travaillent à la convergence de ces registres, en déterminant des critères de qualification, les standards attendus des corps en charge de l'enregistrement, les procédures d'inscription et de désinscription.

Les experts sont disposés à partager leur expérience avec les médiateurs afin que vous puissiez vous aussi travailler à l'élaboration de registres ou annuaires de médiateurs et que des moteurs de recherche facilitent le recours à des médiateurs.

Comment en effet trouver, faire appel à et/ou nommer un médiateur dans un autre État membre, précisément dans le cadre d'un litige transfrontalier, en l'absence de registres de médiateurs dans tous les États membres et d'un moteur de recherche multilingue européen comme il en existe pour les avocats, les notaires et les huissiers de justice ?

De tels registres et un moteur de recherche européen faciliteraient la médiation transfrontalière, mais présenteraient un autre avantage.

La transformation numérique de la justice progresse et des outils d'interconnexion des systèmes judiciaires et de transmission électronique, tels qu'e-CODEX, sont appelés à se déployer rapidement.

Une identité numérique sécurisée est nécessaire afin de se connecter à de tels systèmes. En l'absence de registres, les médiateurs ne pourront accéder à ces plates-formes sécurisées de communication.

De tels registres et moteurs de recherche existent dans certains États membres, par exemple en Belgique et en Autriche.

Si vous souhaitez constituer de tels registres, ce qui est une entreprise complexe, nous sommes à votre écoute. N'hésitez pas à faire appel à nous afin d'attirer l'attention des États membres sur vos projets et les convaincre de l'importance de la médiation et dès lors d'impliquer les médiateurs dans les travaux visant à rendre la justice plus efficace et plus proche du justiciable.

Médiation à l'Office de l'Union européenne pour la Propriété intellectuelle (EUIPO). Du projet pilote au centre de médiation.

Virginia MELGAR
Présidente de la 5e chambre de recours de l'EUIPO (European Union Intellectual Property Office),
médiatrice accréditée, Office de l'Union européenne pour la propriété intellectuelle

Mme Melgar présentera l'histoire de la résolution des conflits de marques à l'amiable à l'EUIPO, l'agence de l'Union européenne responsable de l'enregistrement des marques. Commencé en 2011 comme un projet pilote l'office s'apprête à démarrer le centre de la médiation de l'Union. Plus de 600 médiations et conciliations proposées avec un taux de succès de 75 % préparent cet office, l'un des 5 les plus importants du monde à affronter une nouvelle ère de la résolution à l'amiable des conflits entre des marques.

L'EUIPO est l'Office de l'Union européenne pour la propriété intellectuelle responsable de la gestion de la marque de l'UE et du dessin ou modèle communautaire enregistré. Il s'agit de la plus grande agence de l'UE avec 1200 employés et indépendante financièrement. L'Office, alors appelé Office de l'Harmonisation dans le Marché intérieur (OHMI), fut établi par un règlement de 1993 et a ouvert ses portes le 1/1/1996. De nos jours il traite annuellement un contentieux de 20 000 oppositions, 2500 demandes de nullité et 2700 recours à la deuxième instance. Le siège se trouve à Alicante (Espagne).

La résolution informelle des conflits de marques commence en 2011 auprès des Chambres de recours, qui constituent la deuxième instance de l'Office en charge du traitement des recours contre des décisions de la première instance, avec un projet pilote. Il fait suite à l'adoption de la Directive européenne sur la médiation. Les premiers médiateurs sont des agents de l'Office formés en externe auprès d'institutions et organismes spécialisés. Tout au début, seule est proposée la médiation puis sont arrivées la conciliation et la détermination par experts.

En 2016, une étape supplémentaire est franchie avec l'introduction dans la réforme du règlement de marque de l'Union européenne, d'une base juridique à proprement parler : l'article 170. L'amiable connaît un essor important dans les années suivantes avec un record en 2020 avec l'envoi de 100 propositions de médiation.

On note par ailleurs que l'amiable est au centre de toutes les initiatives législatives dans le domaine de la propriété industrielle de la Commission européenne, que ce soit pour les indications géographiques comme pour les brevets.

Last refreshed on: 28/04/2023

ADR (MEDIATION + CONCILIATION + A. NEGOTIATION)

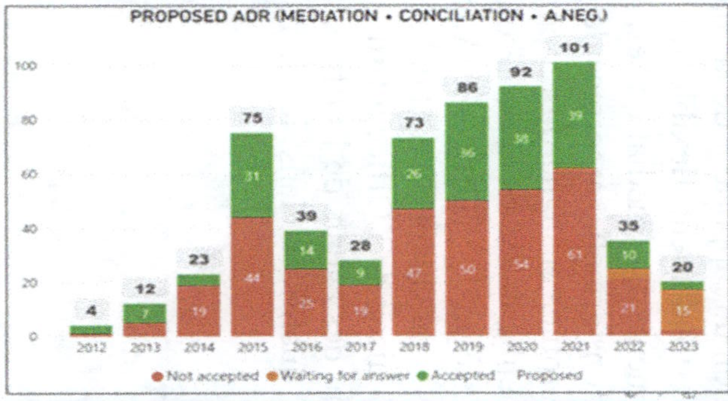

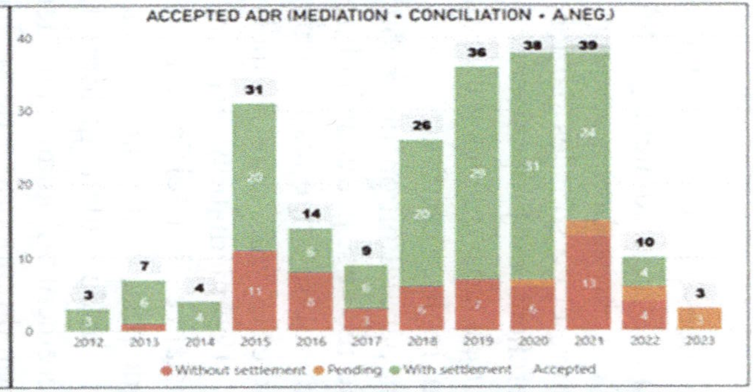

	2013	2014	2015	2016	2017	2018	2019	2020	2021	2022	2023	Total
Not accepted	5	19	44	25	19	47	50	54	61	21	2	348
Waiting for answer									1	4	15	20
Accepted	7	4	31	14	9	26	36	38	39	10	3	220
Total Proposed	12	23	75	39	28	73	86	92	101	35	20	588

Outcome	2013	2014	2015	2016	2017	2018	2019	2020	2021	2022	2023	Total
Without settlement	1		11	8	3	6	7	6	13	4		59
Pending								1	2	2	3	8
With settlement	6	4	20	6	6	20	29	31	24	4		153
Total Proposed	7	4	31	14	9	26	36	38	39	10	3	220

	2012	2013	2014	2015	2016	2017	2018	2019	2020	2021	2022	20
Accepted	75 %	58 %	17 %	41 %	36 %	32 %	36 %	42 %	41 %	39 %	29 %	15
Waiting for answer										1 %	11 %	75
Not accepted	25 %	42 %	83 %	59 %	64 %	68 %	64 %	58 %	59 %	60 %	60 %	10

Outcome	2012	2013	2014	2015	2016	2017	2018	2019	2020	2021	2022	202
Without settlement		14 %		35 %	57 %	33 %	23 %	19 %	16 %	33 %	40 %	
Pending									3 %	5 %	20 %	100
With settlement	100 %	86 %	100 %	65 %	43 %	67 %	77 %	81 %	82 %	62 %	40 %	

La Médiation

La médiation à l'Office est une procédure structurée, confidentielle dans laquelle le médiateur guide les parties pour qu'elles identifient la solution à leur litige. Le médiateur est ainsi neutre et ce sont les parties avec leurs représentants qui cherchent et proposent une solution. L'objectif du médiateur est ainsi que les parties aboutissent à un accord amiable qui règle le conflit.

Les parties, qui ont par définition un recours pendant devant les chambres de recours, peuvent inclure dans leur accord de médiation tout autre litige les confrontant, quels que soient la juridiction et le degré dans lesquels ces autres conflits se trouvent. La médiation est une instance complémentaire aux instances de décision elle ne substitute pas le rôle traditionnel de prise de décisions. Si la médiation n'aboutit pas, une décision de règlement formel du conflit sera prise. Elle est entièrement volontaire, a la demande des parties ou sur proposition du rapporteur de la chambre.

C'est un processus totalement flexible qui peut être suspendu à tout moment. La médiation est bien plus efficace que la résolution formelle en termes de gestion du temps. Elle peut se dérouler en ligne ou en personne. La médiation est entièrement gratuite si elle se déroule en ligne ou en présentiel au siège de l'Office a Alicante, elle comporte en revanche le paiement d'une taxe si elle a lieu au siège du bureau de liaison de l'Office a Bruxelles.

Les médiateurs étant des agents de l'Office, il s'agit de personnes hautement qualifiées dans le domaine de la propriété industrielle.

La Conciliation

La conciliation est proposée par le rapporteur du recours qui confronte les parties. Le rapporteur propose une solution qui est discutée entre les parties, ainsi le conciliateur n'est pas neutre, mais travaille proactivement avec les parties et leurs représentants vers une solution d'accord. Ce sont à la fin les parties qui devront accepter ces propositions.

La Détermination d'expert

La détermination par un expert est la dernière forme de l'aimable mise en place à l'Office, il s'agit de surmonter un obstacle technique ou juridique qui empêche les parties d'avancer. Un expert est donc communément choisi par les parties afin qu'il rende un avis sur le thème technique qui bloque les négociations. L'avis de l'expert peut être contraignant ou non contraignant.

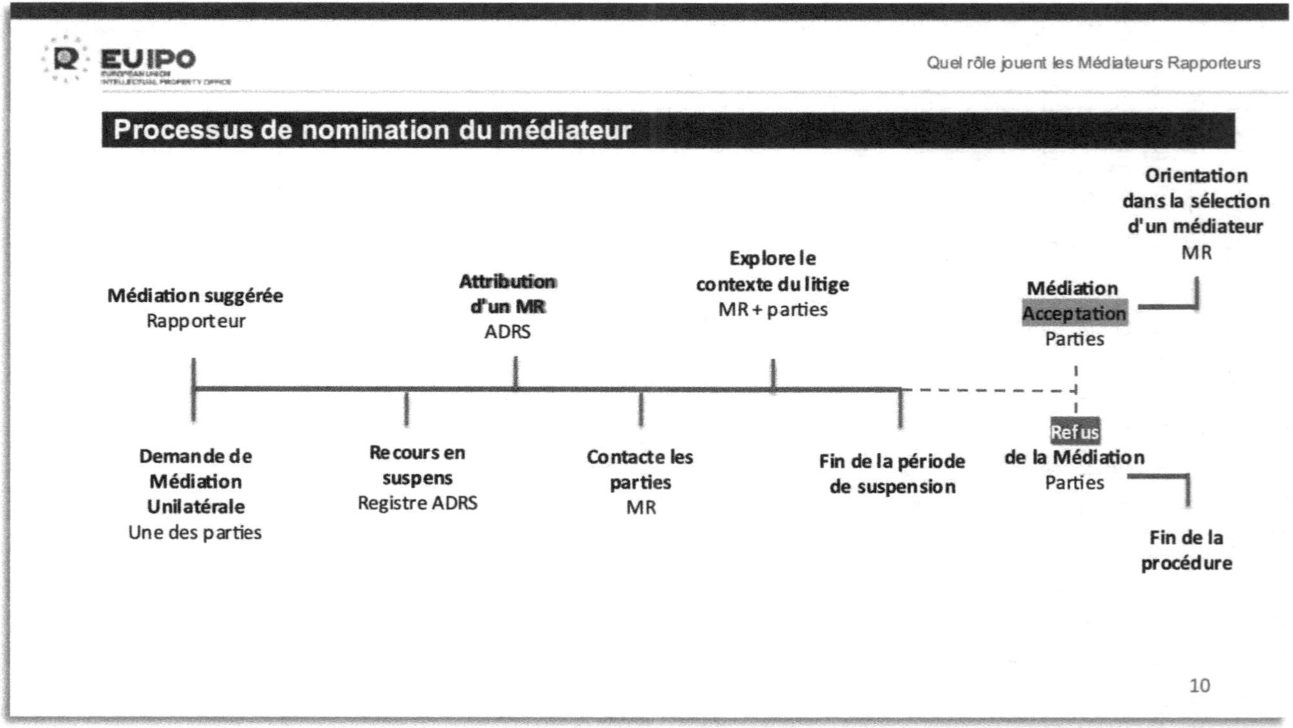
EUIPO
Quel rôle jouent les Médiateurs Rapporteurs
Processus de nomination du médiateur
Médiation suggérée
Rapporteur
Attribution d'un MR
ADRS
Explore le contexte du litige
MR + parties
Orientation dans la sélection d'un médiateur
MR
Médiation Acceptation
Parties
Demande de Médiation Unilatérale
Une des parties
Recours en suspens
Registre ADRS
Contacte les parties
MR
Fin de la période de suspension
Refus de la Médiation
Parties
Fin de la procédure
10

Comment garantissons-nous la confidentialité du processus ?

- Le médiateur est également lié par la clause de confidentialité
- Les informations obtenues lors de réunions privées avec une partie ne sont divulguées à une autre partie que sur autorisation.
- Les médiateurs détruisent/suppriment les documents après la fin de la médiation
- Seuls les outils autorisés sont utilisés pour les réunions en ligne
- Les médiateurs utilisent une adresse email spécifique composée du nom@mediateur.

Quelles mesures sont prises pour assurer l'indépendance des médiateurs ?

Les examinateurs et les membres des Divisions d'opposition, des Divisions d'annulation, des Divisions d'invalidité, des Chambres de recours ou toute autre personne ne peuvent être désignés comme médiateurs s'ils ont un intérêt personnel dans l'affaire ou s'ils ont déjà été impliqués dans l'affaire faisant l'objet du recours.

Les membres de la Chambre de recours à laquelle le recours est attribué ne peuvent pas agir en tant que médiateur dans cette affaire.

Le médiateur ne doit pas être disqualifié si les parties ont été informées par écrit de ces circonstances et ont ensuite expressément consenti par écrit à la désignation du médiateur.

Le médiateur ne peut être impliqué en tant qu'examinateur, membre des Divisions d'opposition, des Divisions d'annulation, des Divisions d'invalidité ou des Chambres de recours dans toute procédure ultérieure de l'affaire en question ou de toute affaire connexe.

Le médiateur conduit la médiation conformément au Règlement de médiation établi par le Présidium.

Quelle formation suivent les médiateurs de l'EUIPO ?

- Tous les médiateurs de l'EUIPO ont reçu une formation spéciale auprès du *Centre for Effective Dispute Resolution (CEDR) ou du Chartered Institute of Arbitrators (CIARB)* à Londres.
- Tous les médiateurs sont accrédités auprès du CEDR ou du CIARB et ont accès aux webinaires et aux sessions vidéo, ont la possibilité d'observer une médiation et reçoivent des bulletins électroniques mensuels sur la médiation.
- Médiation fictive annuelle pour apprendre à travers un scénario de cas réel.
- Formations externes supplémentaires
- Exercices réguliers de partage d'expérience

Projet de création du centre européen de médiation : 4 Projets

- **Structure opérative – Centre de médiation**
- **Couvrir toutes les procédures inter partes devant l’EUIPO – approche progressive**
- **Plus de médiateurs/Plus de langues de l’UE**
- **Plate-forme ADR en ligne**
- **Promotion de la culture de la médiation par la sensibilisation**

Pour plus d’informations voir :

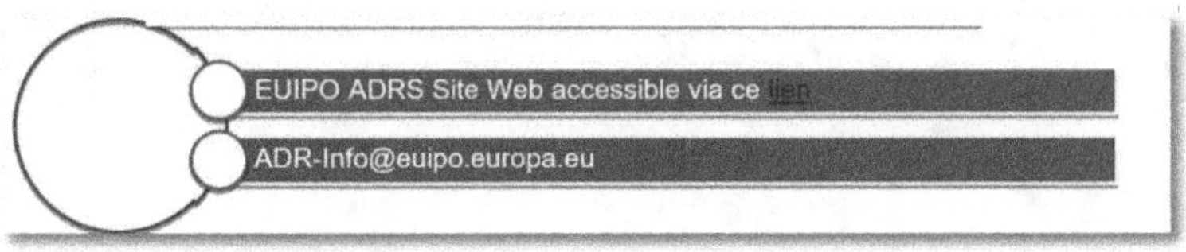

Synthèse
par Béatrice BLOHORN-BRENNEUR

Ce colloque européen sur la médiation et les Institutions européennes nous offre une occasion de réfléchir sur l'importance de la médiation dans notre société contemporaine. Nous avons eu l'opportunité de célébrer le 20e anniversaire du groupement européen des magistrats pour la médiation (GEMME), qui a joué un rôle essentiel pour le développement de la médiation en Europe. De plus, nous avons également constaté l'impulsion donnée par les Institutions européennes, notamment le Conseil de l'Europe et l'Union européenne, pour promouvoir et encourager l'utilisation de la médiation dans la résolution des conflits.

Au cours de ce colloque, nous avons pu constater les nombreux avantages de la médiation, en tant que méthode alternative de règlement des conflits. La médiation offre une approche collaborative, permettant aux parties en conflit de trouver elles-mêmes des solutions mutuellement acceptables, tout en préservant leurs relations. Elle favorise également la communication et l'écoute active, des compétences essentielles dans la résolution pacifique des différends.

Le GEMME a joué un rôle considérable dans la promotion de la médiation en Europe, au cours des deux dernières décennies. Grâce à son travail acharné, cette association a contribué à sensibiliser les magistrats et nos concitoyens à l'importance de la médiation et à promouvoir son utilisation dans les systèmes judiciaires européens et même avant la saisine du juge. Le GEMME a également facilité les échanges de bonnes pratiques et d'expériences entre les magistrats européens, renforçant ainsi la collaboration et l'apprentissage mutuels.

Au niveau européen, les Institutions européennes, telles que le Conseil de l'Europe et l'Union européenne, ont joué un rôle majeur dans la promotion de la médiation en Europe. Elles ont reconnu les avantages de cette méthode de résolution des conflits et ont encouragé les États membres à adopter des législations favorables à la médiation. De plus, elles ont soutenu financièrement des projets visant à promouvoir la médiation et à former des professionnels qualifiés dans ce domaine.

L'impulsion donnée par les institutions européennes a été déterminante : le Conseil de l'Europe a institué, pour les agents qui travaillent en son sein et à la Banque européenne de développement, un service efficace de médiation, tandis que la Commission européenne pour l'efficacité de la justice (CEPEJ), a développé des lignes directrices et des outils pratiques à l'intention des acteurs de la médiation.

Par ailleurs, l'Union européenne a fixé le cadre de la médiation en Europe en promulguant la directive de 2008 qui a marqué une avancée déterminante. Enfin, l'Office de l'Union européenne pour la propriété intellectuelle (EUIPO) a mis en place le premier centre de médiation de l'Union pour la résolution amiable des conflits entre les marques

En conclusion, ce colloque a mis en évidence le rôle crucial du GEMME et des Institutions européennes dans le développement de la médiation en Europe. Cette mesure offre une alternative précieuse aux procédures judiciaires traditionnelles et contribue à la résolution pacifique des conflits. Il est essentiel de continuer à promouvoir la médiation et à renforcer la collaboration entre les différents acteurs, afin de garantir son utilisation efficace et généralisée dans toute l'Europe. La médiation peut de transformer notre système de justice en favorisant des solutions plus rapides, plus économiques et plus satisfaisantes pour toutes les parties impliquées.

Nous espérons que ce colloque a été une source d'inspiration pour tous les participants et que nous continuerons à travailler ensemble pour faire progresser la médiation en Europe.

Des mêmes auteurs aux Éditions L'Harmattan

Béatrice Blohorn-Brenneur :

- *Stress et souffrance au travail, un juge témoigne*, 2010.
- *Du désamour au divorce – Jugement, conciliation, médiation*, 2013
- *La médiation pour tous dans l'espace OHADA et en Afrique de l'Ouest*, 2018
- *Lettre à Michel – Témoignage*, 2019
- *La médiation pour tous en France, Comment gérer relations et conflits ? Guide pratique et cadre juridique*, 2022

GEMME-France :

- *Panorama des médiations du monde,* Dir. Béatrice Blohorn-Brenneur, 2010
- *Guide pratique de la médiation et de la conciliation judiciaires*, 2012.
- *Conciliation et médiation prud'homales,* 2013
- *Conciliation et médiation commerciales*, Dir. Béatrice Blohorn-Brenneur, 2014
- *Le médiateur professionnel en action et en mots*, Eric Battistoni, Fédérica Oudin, Michèle Lenoble, 2014
- *Conciliation et médiation devant la juridiction administrative* – Actes du colloque du Conseil d'État du 17 juin 2015, Dir. Béatrice Blohorn-Brenneur et Jacques Biancarelli, 2015
- *La médiation, un chemin de paix pour la justice en Europe – GEMME, 10 ans déjà.. !,* Dir. Béatrice Blohorn-Brenneur et Dragos Calin, 2015

- *Les nouveaux enjeux de la médiation administrative, judiciaire et conventionnelle, à distance, environnementale, interculturelle* – La certification des médiateurs, Actes du colloque de Nice 3 et 4 juillet 2015, Dir. Béatrice Blohorn-Brenneur, 2016
- *Médiation obligatoire ou médiation volontaire, Actes du colloque de la Rochelle,* Dir. Béatrice Blohorn-Brenneur et Myriam Bacqué, 2016
- *Développer une culture de la médiation - dans les différents continents - devant les juridictions judiciaires et administratives,* Dir. Béatrice Blohorn-Brenneur et Claude Czech, 2019
- *Médiation, cultures et religions, de l'esprit à la méthode*, Dir. Béatrice Blohorn-Brenneur, 2020
- *Les sources spirituelles de la médiation,* Dir. Béatrice Blohorn-Brenneur, 2022
- *Sagesses du monde et médiation,* Dir. Béatrice Blohorn-Brenneur, 2022

Structures éditoriales du groupe L'Harmattan

L'Harmattan Italie
Via degli Artisti, 15
10124 Torino
harmattan.italia@gmail.com

L'Harmattan Hongrie
Kossuth l. u. 14-16.
1053 Budapest
harmattan@harmattan.hu

L'Harmattan Sénégal
10 VDN en face Mermoz
BP 45034 Dakar-Fann
senharmattan@gmail.com

L'Harmattan Cameroun
TSINGA/FECAFOOT
BP 11486 Yaoundé
inkoukam@gmail.com

L'Harmattan Burkina Faso
Achille Somé – tengnule@hotmail.fr

L'Harmattan Guinée
Almamya, rue KA 028 OKB Agency
BP 3470 Conakry
harmattanguinee@yahoo.fr

L'Harmattan RDC
185, avenue Nyangwe
Commune de Lingwala – Kinshasa
matangilamusadila@yahoo.fr

L'Harmattan Congo
219, avenue Nelson Mandela
BP 2874 Brazzaville
harmattan.congo@yahoo.fr

L'Harmattan Mali
ACI 2000 - Immeuble Mgr Jean Marie Cisse
Bureau 10
BP 145 Bamako-Mali
mali@harmattan.fr

L'Harmattan Togo
Djidjole – Lomé
Maison Amela
face EPP BATOME
ddamela@aol.com

L'Harmattan Côte d'Ivoire
Résidence Karl – Cité des Arts
Abidjan-Cocody
03 BP 1588 Abidjan
espace_harmattan.ci@hotmail.fr

Nos librairies en France

Librairie internationale
16, rue des Écoles
75005 Paris
librairie.internationale@harmattan.fr
01 40 46 79 11
www.librairieharmattan.com

Librairie des savoirs
21, rue des Écoles
75005 Paris
librairie.sh@harmattan.fr
01 46 34 13 71
www.librairieharmattansh.com

Librairie Le Lucernaire
53, rue Notre-Dame-des-Champs
75006 Paris
librairie@lucernaire.fr
01 42 22 67 13

www.ingramcontent.com/pod-product-compliance
Lightning Source LLC
LaVergne TN
LVHW051403061026
849535LV00009B/3333
* 9 7 8 2 3 3 6 4 1 8 6 7 4 *